城市·空间·行为·规划丛书
柴彦威主编

国家自然科学基金项目,编号:41071102
国家社会科学基金重点项目,编号:11AZD085
教育部人文社会科学青年基金项目,编号:13YJCZH240

城市社区形态与再生
COMMUNITY URBAN FORM AND REGENERATION

张 纯 著

南京·2014

内容提要

本书采取全球的视角与比较的范式切入,通过案例分析和比较方法,研究传统街坊社区和单位社区在转型期发生的社区形态转变、社区形态转变带来的居民生活模式和生活品质的变化。并通过对社区形态演变的分析,探讨了在政府、居民、地方企业与地方政府组织的共同作用下,实现社区的再生途径。

本书可供社区基层工作者、城市规划建设与历史文化保护部门的政策决定者学习,也可供高校地理学、城市规划、社会学等相关专业的师生阅读。

图书在版编目(CIP)数据

城市社区形态与再生/张纯著. —南京:东南大学出版社,2014.3
(城市·空间·行为·规划丛书/柴彦威主编)
ISBN 978-7-5641-4643-6

Ⅰ.①城… Ⅱ.①张… Ⅲ.①城市—社区建设—研究—中国 Ⅳ.①D669.3

中国版本图书馆CIP数据核字(2013)第276246号

书　　名:	城市社区形态与再生
著　　者:	张　纯
责任编辑:	孙惠玉　　　　　编辑邮箱:894456253@qq.com
文字编辑:	李成思
出版发行:	东南大学出版社
社　　址:	南京市四牌楼2号　　邮　编:210096
网　　址:	http://www.seupress.com
出 版 人:	江建中
印　　刷:	江苏凤凰扬州鑫华印刷有限公司
排　　版:	江苏凤凰制版有限公司
开　　本:	700 mm×1000 mm　1/16　印张:11　字数:194千
版　　次:	2014年3月第1版　2014年3月第1次印刷
书　　号:	ISBN 978-7-5641-4643-6
定　　价:	29.00元
经　　销:	全国各地新华书店
发行热线:	025-83790519　83791830

* 版权所有,侵权必究

* 凡购买东大版图书如有印装质量问题,请直接与营销部联系(电话025-83791830)

总序

进入 21 世纪,地理流动性越来越成为塑造人—地关系的核心要素,物流、能量流、人流、资金流和信息流形成的流动性网络正在改变着我们生活的世界。当信息化、全球化、机动化逐渐成为城镇化与城市发展的重要推力时,"变化的星球与变化的城市"就越来越成为科学界的共识与焦点。地理学长期关注不断变化的地球表层以及人类与环境之间的相互关系,因此,地理学日益成为当今科学和社会的核心内容,一个地理学家的时代正在到来。

经过 20 世纪的几个重要转向,人文化和社会化已然成为当今地理学科发展的重要特征之一,人文地理学的研究重点正在从人—地关系研究转向人—社会关系研究。解释人文地理现象的视角从自然因素、经济因素等转向社会因素、文化因素、个人因素等,研究的总趋势是从宏观描述性研究走向微观解释性研究以及模拟与评估研究。与此同时,地理学研究的哲学基础从经验主义和实证主义转向行为主义、结构主义、人本主义及后现代主义等。可见,在以人为本及后现代思潮的大背景下,人与社会的实际问题越来越受到关注。

在学科发展整体转向的大背景下,城市空间研究也经历了深刻的转型。基于时空间行为的个体研究正在成为理解城镇化与城市发展、城市空间社会现象的关键所在。分析挖掘时空间行为本身的规律与特点及其对城市环境和决策制定的影响已成为当下城市空间研究的重要视角和热点问题。有关时空间行为决策与时空资源配置、日常活动空间、城市移动性、生活方式与生活质量、环境暴露与健康、社会交往与社会网络、社会空间分异、移动信息行为等新的城市研究思路,正指向一个更加人本化、社会化、微观化以及时空整合的城市研究范式。可以说,基于个体时空间行为的城市空间研究范式蔚然初现,并向地理信息科学、城市交通规划、城市社会学、健康与福利地理学、女性主义等领域跨界延伸,在交叉融合中不断拓展学科的研究边界与张力,在兼收并蓄中不断充实城市空间与规划研究的学科基础与理论建构。

以时间地理学和行为地理学等为核心的时空间行为研究,注重现实物质性的本体论认识,突出对"区域与城市中的人"的理解,强调制约与决策的互动影响,通过时空间框架下的人类空间行为研究,深化了"人、时间与空间"的认识,建构了以地理学为基础的城市研究与规划应用的时空哲学和方法论。随着时空间行为数据采集、计算挖掘、三维可视化与时空模拟等理论与技术的不断革新,时空间行为研究在研究数据与方法、理论与应用等多个方面展现出新的转向与可能性。

改革开放以来,中国城市经历了社会、经济、空间等的深刻变革。伴随着全球化和信息化的影响,中国城市空间正处在不断重构的过程。城市空间的拓展与重组、郊区的形成与重构、社会空间的显现与极化、行为空间的扩展与隔离、信息空间的形成与异化等成为近几十年来中国城市空间研究的热点。单位制度解体与快速城镇化等促进了城市生活方式的多样化和个性化,移动性大大增强并呈现多元化和复杂化的趋势,交通拥堵、长距离通勤、生活空间隔离、高碳排放、空气污染、公共设施分配不平衡等城市病已经成为政府部门和学术界急需解决的重大问题,也成为影响城市居民生活质量的关键因素。因此,如何科学地把握居民各种空间行为的特征与趋势,引导居民进行合理、健康、可持续的日常行为,建立重视居民个人生活质量的现代城市生活方式,已经成为中国城市研究与规划实践的当务之急。

中国正在打造经济社会发展的升级版,转变社会经济发展方式、推动人的城镇化与城市社会的建设、加大公共服务和民生保障力度、遏制环境污染等已成为发展的重点所在。城市发展逐步从大尺度的宏观叙事转向小尺度的空间调整,从扩张性的增量规划转为政策性的存量规划,对城市规划的公共性、政策性与社会性提出了新的发展要求。面对转变城镇建设方式、促进社会和谐公正、提高居民生活质量和保护生态环境等目标,城市研究与规划工作者应在考虑土地利用、设施布局、交通规划等物质性要素的基础上,更加重视居民时空间行为的数据采集与挖掘,探索城市居民时空间行为规律与决策机制,提供实时性、定制化、个性化的信息服务与决策支持,加强城市规划方案与居民行为响应的模拟评估。通过基于人的、动态的、精细化的时间政策与空间政策的调整,减缓居民时空间行为的制约,提高时空可达性,促进社会公正。通过城市时空间组织与规划、生活方式与生活质量规划、个人行为规划与家庭移动性规划等重新建构城市的日常生活,从而回归到以人为本的核心价值表述。

2005年以来,由城市地理学、城市交通学、城市社会学等学科为主的学者组成了一个跨学科的"空间行为与规划"研究会,聚焦于人的行为的正面研究,企图建构基于行为的中国城市研究与规划范式。该研究会每年举行一次研讨会,聚集了一批同领域敢于创新的年轻学者,陆续发表了一些领先性的学术成果,成为行为论方法研讨的重要学术平台。

本丛书是时空间行为研究及其城市规划与管理应用的又一重要支撑平台,力求反映国内外时空间行为研究与规划应用的前沿成果,通过系列出版形成该领域的强有力支撑。在时空间行为研究的新框架下,将城市、空间、行为与规划等完美衔接与统合,城市是研究领域,空间是核心视角,行为是分析方法,规划是应用出口。

  本丛书将是中国城市时空间行为研究与规划的集大成,由时空间行为的理论与方法、城市行为空间研究和城市行为空间规划等三大核心部分组成,集中体现中国城市时空间研究与规划应用的最新进展和发展水平,为以人为本的城市规划与行为规划提供科学支撑。其理论目标在于创建中国城市研究的行为学派,其实践目标在于创立中国城市的行为规划。

柴彦威
2013年秋于北京大学燕园

序言

张纯博士于2001年起进入北京大学城市与环境学院城市与区域规划专业进行本科阶段学习,2006年保送同院系硕士研究生,2008年转为博士研究生。她于2009—2010年至北卡罗莱纳大学教堂山分校(UNC-Chapel Hill)进行联合培养博士的学习,并于2011年7月毕业。毕业后进入北京大学城市与环境学院和环境科学与工程学院合作的博士后流动站从事博士后研究,并在北京大学-林肯研究院城市发展与土地政策研究中心从事研究员工作。我作为她的硕士、博士导师,依托北大研究团队长期以来在城市形态理论与社区再生实践方面的学习积累,以及近来我个人在城市可持续再生方面的研究课题,结合张纯的专业特长和研究兴趣,选定《转型期城市社区形态演变及社区再生研究——以北京交道口和同仁堂社区为例》作为她的博士论文题目。基于北大研究团队在北京的实践经验,经过五年的理论钻研和数据梳理,张纯在完成博士论文的同时也逐步形成了本书的框架和主要内容。本书也是我们整个北大研究团队在城市社区再生方面的阶段性研究成果之一,可喜可贺!

在书中,张纯结合西方城市形态理论和再生实践的最新发展,在中国社会主义转型期背景下对"社区形态"、"社区再生"等理论进行了进一步充实和阐释,采取个案分析和比较研究的方法,对转型期中国社区的形态演变以及社区再生理论进行研究,选题具有重要的理论和现实意义。本书从全球视角与比较范式对以北京为例的传统街坊社区和单位社区进行分析,描述这两类城市兴趣形态的转变,并考察随之带来的居民生活模式和生活品质的变化。此外,本书也讨论了社区可持续再生实践的途径,提倡通过关注社区尺度的物质空间改善实践增进居民健康活动和交往,提升生活品质,以及促进社会的多元融合,这是将城市形态理论与可持续再生实践相结合的有益尝试。

伴随我国全面迈进小康社会,人们日常生活中的"幸福感"越来越得到社会关注。城市社区作为承载居民生活品质和满意度的基本单元,和人们日常生活的家园,是与生活"幸福感"最直接相关的城市空间。多年以来,在北京城市社区再生的实践已经取得了举世瞩目的成就,然而仍有一些发展中的矛盾和问题需要破解——长期以来,如何平衡社区的物质环境、社会环境与居民感知,一直是社会关注的热点,也是学术界研究的重点。本书系统地总结了西方城市和中东欧城市的社区再生实践案例,注重多元主体的互动模式，以及物质环境、社会环境的结合，提出了符合我国国情的城市社区再生途径，具有一定实践价值。

本书在研究方法上，克服了以往城市社区再生规划与建设中重理论、轻实践，重宏观论述、轻微观途径，重物质空间形态、轻社会环境感知的倾向，采取扎根理论对北京市两个案例社区进行长期、深入的追踪研究，将定量研究、质性分析与空间分析方法相结合。

本书提出的一些政策性建议也具有启示和借鉴意义。未来中国城市社区中，城市规划者和政策制定者的关注点将从城市宏观层面和物质空间，转移到社区层面那些更细致、更深入、更体现人文关怀的内容上，从而实现可持续的城市社区再生。这对现有的城市再生理论进行了拓展，通过融入对社区社会环境以及居民感知的关注，使其更具有人本主义内涵。同时，城市社区形态理论指导下的中国城市社区再生过程的规划实践模型，以及探讨促进社区和谐发展的规划途径，将对营造21世纪宜居、健康、可持续的中国城市具有一定的参考意义。

总之，张纯博士在撰写本书时，结合西方城市形态理论的最新发展和国际实践经验，对城市社区形态及其再生进行了系统的探讨，丰富了现有城市规划理论中关于城市社区再生的探讨。本书思路清晰，结构合理，逻辑性强，资料翔实，分析严谨，是一部既严谨又不失实用性的学术著作。本书出版后，可期待为中国城市政府，特别是规划建设部门实施历史文化名城保护规划，以及有关部门制定社区发展等相关政策提供有益的借鉴，对学术界探讨城市社区形态与可持续再生理论也具有一定参考意义。

吕　斌

2013年3月

前言

自1978年中国进入社会主义转型期以来，中国城市发生了翻天覆地的变化。虽然转型期中国城市变迁的相关话题引起了中西方社会学家、经济学家和地理学家的独特兴趣，然而，这些研究热衷于转型期制度变迁所带来的社会、文化、空间变革，而忽视了对空间本身以及空间变化的关注。本书聚焦于转型期中国城市中的社区为研究对象，因为社区作为城市的基本组成单元，它形成城市空间转型和社会变迁在基层的空间投射；并且，社区也与城市居民日常生活息息相关，决定着市民的生活品质。因而，社区形态将成为理解中国城市形态转变的一把钥匙，这对丰富中国特色的城市形态理论和城市规划实践具有十分重要的意义。

本书将采取全球的视角与比较的范式切入，通过个案分析和比较方法描述转型期中国城市社区形态转变，分析随着社区形态转变而带来的居民生活模式和生活品质的变化。首先，采取全球视角，与同样经历转型期的中东欧国家城市进行对比，在考察那些经济"休克式"转型社区面临的衰败等挑战的同时，可以突出中国城市社区在转型期的特殊变化。同时，借鉴来自北美的新城市主义运动和精明增长理念以及对良好城市形态的追求，探讨这些旨在提升人们生活品质的新社区形态与中国转型期社区演变的内在关联。

在研究转型期中国城市社区形态演变时，本书关注改革开放前在中国城市中占主导地位的前两类社区——传统街坊社区和单位社区在转型期发生的社区形态转变。在传统街坊社区研究中，由于无法获得历史数据，采用同一地域单元中截取不同空间断面的方式进行对比，选取同在北京市东城区交道口街道内部的三个具有不同形态的社区。研究发现，虽然采取"修旧如旧"或者"大规模铲除"的更新途径来营造"新四合院"或者现代住宅楼小区，可能会改善社区的物质环境形态，然而社区的社会环境形态和居民活动感知形态反而会随着更新策略的实施而下降。具体来看，现代式多高层住宅社区虽然有着较好的社区物质环境形态，社会环境形态以及居民活动感知形态却表现稍差；而更新后大体保持传统风貌的社区，不仅社会环境形态以及居民活动感知形态与未更新的社区相比不具有优势，其社区物质环境形态也因门禁化、末端路的大量使用以及功能单一而下降。

在单位社区横跨计划经济时期和社会主义转型期的时间对比中，选取了北京丰台区同仁堂社区的案例，通过四个时期的社区形态发现，展示了单位社区在经济转型期中的空间演化——从以生产功能为核心、封闭、自给自足的传统单位社区,向多功能复合、开放、富有生机活力的新单位社区演化的过程。具体来看,单位社区中围墙上增开的大门提高了可接近性和通达性,通过活跃的边界"单位禁地"逐渐向公共开放;土地功能由仓储工业主导逐渐变为生产—生活多功能复合,并且分区严整的用地斑块也逐渐呈现出混合趋势;服务体系分化为生产、生活两类,生活服务设施的服务对象扩展到单位外部居民,并由集中成片的中心布局模式转为分散到沿街、沿边界的周边布局模式,同时高等级文娱休闲设施的发育提高了社区生活品质。

本书研究的兴趣不仅局限于关注中国城市社区形态的变化,也在于通过关注社区尺度的物质空间改善实践,增进居民健康活动和交往,提升生活品质,以及促进社会的多元融合,从而使中国在城市规划领域关于"形态革命"的浪潮中,以更健康和可持续的方式增长。虽然传统街坊社区和单位社区的社区特征和社区再生路径不尽相同——前者体现了规划引导、多元合作下通过社区再生规划运作而实现社区再生的过程,后者体现了市场机制作用下,没有整体的社区规划而依靠市场调节的力量实现社区再生的过程——它们的变化趋势却存在着相通之处:即使将社区的物质环境形态改善了,也不意味着一定就带来良好的社区社会环境形态,以及一定让社区居民具有更健康的活动和更高的社区满意度。

延续这些对于社区形态演变的分析,并将这些分析结果应用于再生实践。在传统街坊社区的再生实践案例中,探讨了地方政府、社区居民、地方企业与非政府组织的共同合作下,以和谐的社会环境和宜居的居民感受等为目标,实现良好物质、社会和感知社区形态的社区再生途径。通过建立"三层次—九阶段"合作过程模型,明确社区主体在各阶段的任务和参与对话方式,突出多元参与、规划影响预评估、利益补偿等具体手段在社区再生规划过程中的运用。

本书的结论说明,同处于转型期的中国城市社区形态,与中东欧国家和北美社区的变化趋势相比有着特殊的演变轨迹,并不像西方学者预测的那样出现不可避免的衰败。本书的启示和借鉴意义在于,对于仍处于快速转型期中的城市规划者和政策制定者来说,可以将关注点转移到社区层面那些更细致、更深入、更体现人文关怀的环节上,通过调动社区的自生能力来促进社区形态进行良性的改变,从而实现可持续的社区再生。同时,探讨中国转型期背景下的良好社区形态,将有助于规划者和决策者共同制定有效的社区规划政策,营造21世纪宜居、健康、可持续的中国城市社区。

张 纯

目录

总序（柴彦威） /1
序言（吕　斌） /4
前言（张　纯） /6

1　绪论　/1
　1.1　研究背景与意义　/1
　1.2　城市社区研究在中国　/3
　1.3　社区形态与再生研究的缘起　/4
　　　1.3.1　社区　/5
　　　1.3.2　社区形态　/6
　　　1.3.3　社区规划与再生　/7
　1.4　本书的结构　/8

2　多样化的社区形态研究　/13
　2.1　转型期城市空间的转变　/14
　　　2.1.1　社会主义城市的空间特征　/14
　　　2.1.2　转型期和转型理论　/15
　　　2.1.3　转型期的城市重构　/16
　2.2　城市形态及其度量　/17
　　　2.2.1　景观生态形态　/18
　　　2.2.2　土地利用形态　/19
　　　2.2.3　城市交通形态　/20
　　　2.2.4　城市社区形态　/20
　　　2.2.5　城市设计形态　/21
　2.3　全球视角的社区形态以及演变　/22
　　　2.3.1　典型西方城市的社区形态　/22
　　　2.3.2　城市社区演变的研究视角　/24
　　　2.3.3　中东欧城市的社区衰退　/25
　　　2.3.4　门禁社区在全球范围的出现　/26
　　　2.3.5　美国新城市主义社区的兴起　/28
　2.4　中国城市的社区形态及演变　/30

        2.4.1　中国传统街坊社区形态　/30
        2.4.2　中国单位社区的形态　/31
        2.4.3　中国城市社区的演变趋向　/33

3　研究案例的特殊性　/37
    3.1　交道口街道下属的南锣、菊儿和交东社区　/38
    3.2　同仁堂二厂下属的同仁堂社区　/41

4　城市社区再生的国际经验　/43
    4.1　中东欧城市中的社区演变与再生　/43
        4.1.1　莫斯科内城奥斯托任卡的社区绅士化　/44
        4.1.2　布拉格瓦茨拉斯的内城街区复兴　/46
        4.1.3　波兹南维尔达区的工人阶级社区衰败　/48
    4.2　西方欧美城市中的社区演变与再生　/50
        4.2.1　纽约市曼哈顿下城东区的重振　/51
        4.2.2　洛丽的内城低收入社区再生　/53
        4.2.3　夏洛特伯克戴尔村新城市主义社区的再生　/56
    4.3　国外社区形态演变与再生案例的小结　/58

5　转型期传统街坊社区的形态演变　/60
    5.1　城市社区形态的测度　/61
        5.1.1　社区物质环境形态　/61
        5.1.2　社区社会环境形态　/64
        5.1.3　社区居民活动与感知形态　/66
    5.2　三种类型的内城典型社区形态　/68
    5.3　社区物质环境形态：更新后可能的改善　/70
        5.3.1　土地利用密度强化　/70
        5.3.2　用地功能分隔化　/72
        5.3.3　社区门禁化和连通性弱化　/73
    5.4　社区社会环境形态：更新不可替代的缺失　/76
        5.4.1　社区服务设施单一化和完备化　/76
        5.4.2　社区公共空间私有化和公共化　/77
        5.4.3　收入阶层隔离化　/79
    5.5　社区居民活动与感知形态　/80
        5.5.1　日常活动居家化　/80
        5.5.2　邻里交往淡薄化　/82

      5.5.3 邻里满意度弱化 /83

6 **转型期单位社区的形态演变** /87
  6.1 四个时期的单位社区变化 /87
  6.2 社区物质环境形态：生产氛围的退却 /91
      6.2.1 土地利用密集化 /91
      6.2.2 用地功能混合化 /93
      6.2.3 社区边界模糊化 /93
  6.3 社区社会环境形态：生活氛围的增强 /95
      6.3.1 社区服务设施多样化 /95
      6.3.2 社区公共空间绿色化 /96
      6.3.3 社会多阶层融合化 /98
  6.4 社区居民活动与感知形态：去单位化 /99
      6.4.1 日常活动范围扩大化 /100
      6.4.2 邻里交往组织自发化 /101
      6.4.3 邻里满意度差异化 /102

7 **社区再生的理念与依据** /106
  7.1 社区满意度评价与问题识别 /106
      7.1.1 社区满意度评价结果 /107
      7.1.2 社区问题识别 /110
  7.2 社区规划的目标确定 /112
  7.3 社区规划的工具选择 /115
      7.3.1 邻里层次变量的影响 /116
      7.3.2 居民个体层次变量的影响 /118
      7.3.3 两层次变量的综合影响 /120

8 **社区再生的实践** /122
  8.1 社区再生的规划背景介绍 /123
  8.2 多元参与的合作机制与合作过程模型 /124
  8.3 合作方式作为社区之本 /127
  8.4 参与过程作为社区之器 /129
  8.5 实施评价作为社区之基 /131

9 **面向中国社区的未来** /133

附录：社区居民调查问卷　　/139
参考文献　　/145
图片来源　　/157
表格来源　　/158
后记　　/159

1 绪论

1.1 研究背景与意义

1978年中国改革开放以来,在从计划经济体制到市场经济体制的转型过程中,中国的城市形态发生了翻天覆地的变化。未来二三十年中国城市形态和增长模式,将对全球多达数亿人口的生活品质和生活环境产生重要的影响。在社区尺度,社区作为城市的基本建成单元(Building Block),体现社会制度变迁在城市最基本单元上的响应。由此,社区形态更应该受到规划者和政策制定者的重视,因为社区不仅是居民每日生活所依赖的环境,影响着居民生活品质和社会交往,并且也与宏观城市形态和增长模式产生互动(*New Urbanism*,2002)。社区形态(Communiy Urban Form)将成为理解中国城市形态转变的一把钥匙,这对丰富中国特色的城市形态理论和城市规划实践将具有十分重要的意义。

通常认为,转型期中国社区形态演变的重要意义在于,这一过程同时受到两种力量的影响:一方面,传统计划经济体制时期的制度、文化和空间现象仍然残留;另一方面,西方现代化、全球化趋势正在不断渗透。转型期中国社区形态演变的特殊性在于,从社会背景来看,中国在结束计划经济时期的桎梏之后,马上进入了与美国等西方资本主义国家存在很多相似之处的市场经济时期。受到这两种力量的交织作用,转型期中国社区形态演变的路径成为十分重要的话题——然而至今仍没有文章来描绘转型期社区形态演变的整幅图画。

因而,本书对于转型期中国城市社区演变与社区再生规划的探讨,将从以下几个理论视点入手:第一,从全球视角来看,与同样经历过转型期的中东欧国家城市进行对比,考察那些中东欧国家中的社区在"休克式疗法"的转型中面临的问题与挑战,并以此总结中国城市社区转型的特殊性。第二,从城市形态视点来看,与倡导良好城市形态的美国城市与社区进行对比,探讨面临经济不景气与各种社会问题背景下,新城市主义运动和精明增长理念对中国转型期城市空间变迁的内在关联和借鉴。

在20世纪80年代,随着冷战结束以及前苏联阵营的瓦解,中东欧国家在政治经济体制转变的过程中,传统城市形态也发生了本质的变化(Hirt and Stanilov,2007)。经过激进式或渐进式的改革,在这些城市中一些相似的空间现象开始出现：大规模的工业衰退和居住郊区化、内城绅士化和更新、居住隔离、住房价格上涨并变得不可负担，以及门禁社区的出现等(Sailer-Fliege,1999；Hirt and Stanilov,2007；Brade,2009)。西方学者尝试用"现代化(Modenization)"的理论来概括这些转型城市的演变轨迹，即这些城市最终还是要追随西方资本主义城市的发展路径，于是产生了汇聚理论对转型期城市形态演变过程的解释(Burawoy,1994)。然而，随着转型期研究以及转型理论的不断发展，越来越多的学者注意到这些转型期城市形态，在不同的社会、经济和文化背景下有可能走向迥异的发展路径(Fassmann and Lichtenberger,1995；Andrusz,1996；Kovács and Wiessner,1997)。

  在社会主义国家转型期城市的研究中，在转型而产生的空间现象受到越来越多关注的同时，对于城市形态本身的强调却仍不多见。本书中的城市形态(Urban Form)概念，区别于城市形状(Urban Morphology)或者城市空间结构(Urban Structrue)，包含但并不局限于城市的物质空间形态(Physical Form)，而更加强调城市社会环境以及城市居民生活品质①。城市形态的话题，目前主要仍集中在北美背景的探讨——起源于20世纪90年代的美国新城市主义运动和精明增长理念，城市的形态作为城市的物质空间布局以及开发模式，可以用密度、紧凑度、功能集中度、交通的连接性、土地利用的混合程度、住房形式等指标来测度(Williams and Burton,2000)。城市形态的相关话题对于城市规划领域的启示意义在于，通过提倡相对高密度而混合的土地利用，增加网络通达性与交通方式的选择，提供便利而多样的生活方式等物质空间特征(Bookout,1992a)，以此来对抗城市蔓延这种不被期望的城市形态——并且更重要的意义在于，通过良好的城市环境，最终提高人们的生活品质——这是规划者的最终目标和职业责任所在。通常认为，对城市形态的度量掀起了20世纪以来美国城市规划领域的第二次浪潮。

  在研究中国城市社区形态演变时，本书在中国城市传统式街坊社区、单一式单位社区、混合式综合社区和演替式边缘社区等四种类型的社区中(Wu,1992)，关注1978年改革前在中国城市中占主导地位的前两类社区——传统街坊社区和单位社区在转型期发生的社区形态转变。选取这两类社区的原因在于，在转型期中国城市的变化主要体现在城市边缘向外扩展以及城市内部的变革等两个方面：一方面，中国城市形态的变化除了发生在城市的边缘，也发生在具有传统特征的内城社区中。或者说，传统街坊社区仍在中国城市社区中占有较大比例，尤其是传统社区肌理，并

---

① 在本书的第2章中，将详细阐述城市形态的概念。

没有在新中国成立后彻底被颠覆——然而,在转型期"现代化"潮流下更多新型居住小区建设起来,传统街坊社区也在以前所未有的惊人速度消失(Fang and Zhang,2003)。与此同时,也有部分强调"修旧如旧",回归中国古典"传统风格"的更新模式伴随着开发商主导下的房地产项目而出现(Wang,2003)。在这种变化迅速发生的同时,描述、评价和反思这种传统街坊社区的形态变化过程是十分必要的。另一方面,在传统计划经济时期中国传统的近郊和远郊,曾经在改革前的中国社会、经济和日常生活的组织等方面都扮演了极为重要角色的单位社区,也在经历着社区形态的转变。原有封闭、围合、均一用地而以生产功能为主的单位社区,也渐渐与周围的城市空间融合,呈现出开放、混合利用而配有便利生活设施的以生活功能为主的新社区形态(柴彦威,张纯,陈零级,2009)。

本书将采取个案和比较方法揭示转型期中国城市社区形态转变的趋势,分析随着社区形态转变居民生活模式和生活品质的变化,并且探讨规划者如何通过影响社区形态的影响策略促进这些社区的可持续再生。本书的研究问题展开为三个具体方面,即:(1)是否正如西方转型理论和其他中东欧国家的经验一样,转型期中国的传统街坊社区和单位社区的形态转变,也将不可避免归结为社区的衰退?(2)在中国社区形态演变的过程中,社区居民的生活模式和感知评价所反映的生活品质,是变得更好还是更差了?(3)对于未来可能面临衰败趋势的社区,规划者和政策制定者可以通过哪些规划策略对社区形态发生作用,又可以通过怎样的再生策略促使面临衰退趋势的社区形成良好的社区形态?

本书的研究目的不仅在于丰富社区层面的转型期中国城市形态理论研究,也在于通过关注社区尺度的城市形态改善实践,增进居民健康活动和交往,提升生活品质,以及促进社会的多元融合。这将使中国城市规划领域在北美"形态革命"浪潮(Song and Knaap,2004)的影响下,能够以规划实践来促进城市以更良好的形态和更可持续的方式增长,最终中国城市居民的生活品质得到提升。

1.2 城市社区研究在中国

从全球视角来看,现有的转型理论研究仍集中于中东欧国家,并且很少涉及远离欧洲大陆的远东城市(Kovács,1999),尤其缺少对近年来快速发展的东亚、东南亚城市转型经验的探讨。而中国本土学术领域对于转型期话题的探讨,自从20世纪80年代开始一直是围绕着政治和经济话题为中心,而对城市和社区形态的讨论仍相对少见。20世纪90年代以来中国经济持续飞速增长,然而与此同时,对转型期中国城市未来发展的涵义进行审视和反思的研究却相对少见。

产生这种缺失的原因，可能来自于公众兴趣聚焦于社会、经济领域以及城市空间转变本身的滞后性。一方面，从公众的研究兴趣来看，成功的改革经验和经济迅速腾飞使国内外学者对于中国转型期的研究集中在政治和经济两个领域，较多地探讨有关制度转型、经济增长、市场公平和新的社会阶层分化等话题。另外一方面，城市形态的转变相对政治、经济体制转型具有一定滞后性，建成环境的转变比起社会环境的转变需要更多的时间。正如锡科拉(Sykora)在研究中所指出，"政治改革只需要几周的时间，经济体制变化就需要几年的时间，而建成环境的改变需要很多年、十几年甚至几十年的时间才能完成"(Sykora,1999:79)。

中国1978年改革至今已经30余年，已经为城市形态演变提供了相对充足的时间。在这一过程中的政治、经济和社会关系的重构，也对城市规划者提出了前所未有的挑战。因此，当讨论中国转型期的话题时，有必要将研究的重点从政治、经济体制的转变，转移到城市形态的转变中。

在转型期的背景下，本书的理论意义在于，从社区形态演变透视中国转型期城市空间变迁的独特性，揭示社区形态演变对于居民日常生活的影响。采取社区作为空间载体，将内城更新、棕地(brownfield)再生、门禁社区等一系列城市地理学和城市规划领域相关的话题串联起来，将转型期研究的焦点从政治、经济变革转移到城市建成空间的演变中。同时，寻求转型中中国社区形态转变中的积极力量，有助于使西方学者采取客观和积极的态度来重新认识走出"竹幕[①]"下的中国。

本书的实践意义在于，关注社区形态可以帮助塑造良好的物质空间环境和社会环境，使人们能够以更加健康及环境友好的方式生活，提升人们的生活品质(Clifton, Ewing and Knaap, et al., 2008)。在充分了解和认识转型期中国社区形态的基础上，可以从社区尺度做出规划政策响应，应对21世纪的中国城市转型期中新出现的房价不可负担、环境品质下降、内城衰退以及工人阶级衰败等新的挑战。由此，探讨中国转型期背景下良好社区形态的话题，有助于规划者和决策者制定有效的社区规划政策，营造21世纪宜居、健康、可持续的中国城市社区。

1.3　社区形态与再生研究的缘起

本书对于社区形态与再生的探讨，是基于关于社区、社区形态、社区

---

① 竹幕(Bamboo Curtain)，与冷战时期东西德对峙的"铁幕"相对应，特指东方社会主义中国不为西方社会深入认识和理解的神秘性。

规划与再生等研究的基础。

1.3.1 社区

社区的概念,最早源于社会学家格迪丝(Geddes)的界定,他提出"人类真正的财富,是建立在充满活力的社区环境之上的"(Geddes,1918)。一个多世纪以来,社区已经成为很多规划最初的酝酿阶段中,最有力和流行的理念。这些理念强调通过创造或者保护城市社区,来抵御缺乏人性关怀、不安全和缺乏社会交往等城市生活中的弊病。社区,同样也是人们的生活所在,以及人生中大部分时间所驻留的地方。社区是城市居民最熟悉、最关注的地方,因为社区里发生的任何事情都会影响到居民的生活质量。就像芒福德(Mumford)所说,"在社区中,需要重新发现那些随着城市尺度增大和交通的快速化而消失的亲近感和归属感"(芒福德,2004)。

本书中将社区的概念理解为基于一定地理范围内,基于共同的文化、利益和认同感结成的社会群体,在这个群体内部有着密切的交往和互动。由此可见,除了强调地理空间的"共地性",社区中的社会资本和归属感也是社区的重要组分。在中国,我国在计划经济时期传统上依靠"单位"来实现社会组织、福利保障等功能,社区成为长期被忽视的环节,社区意识与支撑功能也相对薄弱。而到了市场经济转型期,社区作为汇集居住、工作、休闲等城市功能交织的基层单元,也成为各种冲突和矛盾集中的地方①。

在中国城市街道、行政建制镇的更细致地域划分中,有着明确地理边界的"社区居委会"也简称"社区"。社区居委会直接受到城市基层政府派出机构——街道的管辖,属于城镇居民的自治组织,地位相当于农业区的村民委员会②。在下文的案例中,南锣社区、菊儿社区和交东社区都属于北京市东城区交道口街道下属的社区居委会;而同仁堂社区则属于丰台区东铁营街道下属的社区居委会。

---

① 值得注意的是,英文中"neighborhood"从字面上翻译为"邻里"更精准,然而中国和西方文化中关于社区、邻里的定义是十分迥异的。例如,美国的"neighborhood"相当于中国"社区(居委会)"的尺度,或者说,强调具有相似建成环境和人文环境特征的居住区。而在中文语义中,邻里的含义通常比较狭窄,"邻里规划"会使读者联想起小尺度的街坊——正如中国古代"古代五家为邻,五邻为里"中对于"邻里"的界定——而这种若干户人家组成的"邻里"比"社区"少了很多内涵。因而在考虑了中国语境下的词汇习惯后,本书将"neighborhood"和"community"都与中文"社区"相对应。

② 有关社区居委会的官方定义和基本职责,请参见《中华人民共和国居委会组织法》。

1.3.2 社区形态

社区形态,源于对城市形态概念的界定。在中国和西方研究中,城市形态的概念不尽相同。中国传统的城市形态研究中,目前侧重关注物质空间——即理解为中文语汇的"形(状)"与"(状)态"的结合——注重城镇空间的结构、内部用地的形状以及景观的状态,这分别对应英文原意的城市构型(Urban Morphology)和城市格局(Urban Pattern)。相对而言,西方研究则将城市形态的概念赋予更加丰富的内涵,除了物质空间形态,也有社会空间、经济空间、环境空间、景观空间、社区空间等方面的布局以及开发模式。

虽然目前西方国家中很多规划原则都是基于城市形态理念的,例如混合利用、可达性、渗透性、可辨识性等,然而似乎对城市形态本身的定义和衡量仍然十分困难(Williams, Burton, et al., 2000)。西方早期对于城市形态的研究,起源于20世纪60年代的两本著作,凯文·林奇的《城市形态》以及亚历山大的《城市不是一棵树》(*A City is not A Tree*),他们不仅提取出城市形态所应具有的要素,也提出良好的城市形态源于局部模式的恰当组合(Alexander,1977)。

在美国,到20世纪80年代中期,随着新城市主义和精明增长理念的兴起,以及GIS技术的不断进步,城市形态重新成为科学研究的热点。在城市尺度,规划者试图通过回归传统风格的良好城市形态,抑制城市蔓延(*New Urbanism*,2002)。而在社区尺度,新城市主义的支持者认为,良好的社区形态应具有以下特征:连接性良好的社区内部道路,高效且混合的土地利用方式,多种选择的交通方式,步行范围内可达的生活设施,社区内多样化的社会构成,以及中低收入群体可支付的住宅(Duany, Plater-Zyberk and Shearer,1992)。

在20世纪90年代末期,生活品质成为了城市形态研究的焦点,城市形态的测度逐渐从仅仅关注密度的单一指标向多维度指标转变(Williams and Burton,2000)。在社区尺度放弃了密度的单一测度之后,街区的布局和大小、住房形态、绿地分布、用地混合程度等要素也纳入到社区形态研究中。近来一本关于可持续城市形态的著作《面向可持续的城市形态》(*Achieving Sustainable Urban Form*),对90年代以来"紧凑城市"的论点进行反思,书中认为可以通过良好的社区形态改善居民的生活品质,但这个过程却是通过间接影响而发生的。

通常,城市形态(Urban Form)是指城市的物质空间的布局以及开发模式(Williams, and Burton,2000)。相应的,本书将社区形态(Community Urban Form)的概念,理解为社区视角的城市形态。结合社区的概念来看，社区形态的定义不仅包括社区物质空间的布局，也包括社区内部社会环境的模式、社区居民的活动以及对社区的感知等——它关注社区建成环境和社区社会环境、地方经济发展、社区感营造、各种设施可达性等问题。

1.3.3 社区规划与再生

社区规划（Community Planning）在美国等西方国家已经有上百年的历史，然而在中国城市规划领域，这个概念却刚刚被引入，甚至仍在法定规划的范畴之外。通常认为，社区规划包括公共、非利益群体和私人部门在改善社区建成环境时的各种投入（Rohe，2009）。社区规划的目的，就是要帮助邻里建立小城镇而非大城市中的那种亲密的邻里关系，并由此创造更健康的个体以及更健康的社会（Rohe，2009）。然而，事实上社区规划的概念不仅仅关注社区的物质空间层面，而通常是围绕着社区本身的定义和特征来展开的。

本书认为，社区规划的定义应是非常多元化的，应包括新社区设计和老社区再开发等两个方面。社区定义不同于法定规划中的详细规划，不仅仅在于创造设计良好的空间，或者追求设计上的美感，而是开始转向更广泛的社会目标：创造社区和谐氛围，赋予社区居民权利，促进社区经济发展，保护社区环境质量，通过转变社区环境影响社会和政治过程。与上文中邻里与社区的辨析相似，本书将英文中的"neighborhood planning"和"community planning"都译为社区规划，以提高此话题在中国城市规划领域的关注度和影响力，并使其包含更为丰富的内涵——也便于今后在中国城市社区规划的相关研究中，与国外的研究尺度、研究问题相互对应。

社区再生是指通过社区规划，带来社区形态在物质空间环境和社会环境上的改变，使社区的活力和可持续性得到提升的良性改变。社区再生的概念，是随着城市发展的历程而不断演进的。二战以来，西方内城的社区规划模式经历了从大规模改造、渐进式更新到社区再生的过程。上世纪中叶伴随战后重建，规模宏大的城市建设和改造计划开始在欧美城市推行，其中重要的任务就是内城"铲车式"的清理并将居民重新安置在环境较好的郊区。这在启动了快速郊区化的同时也广受批评，例如雅各布斯认为物质空间的更新只是建筑装饰表象翻新，在更新之后，贫民窟只是位置转移，而生活条件却没有根本改善（雅各布斯，2005）。到1970年代和1980年代，"美国梦"理想的郊区田园生活吸引着大量人口迁出内城，导致了内城衰退和城市蔓延。为了应对伴生的社会经济问题，欧美城市的内城开始了基于地方的小规模渐进式城市更新。这种方式除了改善居住条件，也创造了地方就业机会，形成了中产阶级的和谐家园（Rohe，2009）。而到1990年代随着人文主义思潮的回归和新城市主义运动的兴起,社区社会环境重新得到重视,改善人们在社区中的体验和提升社区满意度成为社区规划关注的重要问题,而社区再生本身也被认为是提升城市中心区活力的重要途径。

1.4 本书的结构

随着转型期改革的深入,中国城市发生了翻天覆地的变化,快速增长不仅发生在城市边缘,传统的内城区也经历着各种形式的更新与再开发。一些看似与西方国家快速城市化阶段相同的趋势,开始在转型中的中国城市出现:居住郊区化,郊区传统产业衰退,内城衰败和绅士化,住房变得不可负担,以及新型门禁社区的出现(Sailer-Fliege,1999)。随着宏观空间结构的变化,城市中的社区也悄然演化:内城传统街坊开始经历绅士化过程,有些被再开发成为全新的商品房社区,有些按照"修旧如旧"的方式改造成为商业街或仿古风格的高档住宅,还有些经历着小规模渐进式的更新;曾经在计划经济时代在郊区占主导的单位社区,也随着各种再开发过程变为商业办公区、产业园或伴有居住隔离现象的"门禁社区"等。

面临着多元化的变化可能性,本书采取对比研究与个案方法,研究在计划经济时期占主导地位的两类社区——传统式街坊社区以及单一式单位社区,进入转型期中国城市的社区形态转变,包括社区物质空间特征、住房状况、居民属性以及居民感知的变化。

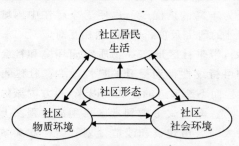

图 1-1 转型期中国社区形态的概念框架

在地理学和规划视角的研究中强调人地互动关系,因此本书围绕着社区形态所包含的"社区物质环境—社区社会环境—社区居民生活"三者之间的关系入手,透视横跨计划经济时期和市场经济转型期中国城市社区形态的转变(图1-1)。首先,转型期土地和住房市场逐渐建立、区位价值的显现,会引发社区建成环境的改变,从而使社区居民的日常行为和感受都发生调整;而另一方面,社区日常行为和感受的改变,又会反作用于社区物质空间环境,促使其按照居民的新居住要求转变。其次,社区物质环境的改变,也将引起社区社会多样性和居民邻里交往等社区社会环境的调整;而社区社会环境的改变也会使得原有的社区建成环境向更加隔离、封闭或是融合、开放的方向发展。再次,社区日常行为和感受的变化,也会自然引发社区社会资本的变化,从而形成新的社区社会环境；同时，社区社会环境也会通过逆向选择作用，吸引更多适应新社区氛围的居民或改变原住居民的日常行为模式。

在研究转型期中国社区形态时，本书尝试在社区尺度，将地理学的过程陈述模型与城市规划领域的对策干预模型相结合来构建研究框架。研究内容分为以下几部分展开(图1-2)：

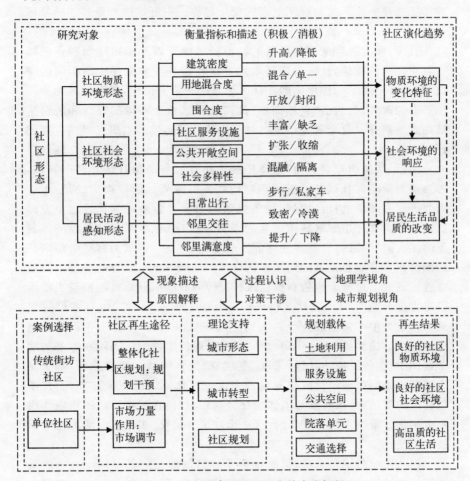

图1-2 转型期中国社区形态的内容框架

首先，从地理学视角入手，分社区物质环境、社区社会环境以及社区居民生活三个层面来探讨制度变迁背景下的社区形态转变。从研究方法来看，一方面通过实地观察和遥感图像的空间测量，采取衡量建筑密度、用地混合度和围合度等指标反映社区物质环境的变化。另一方面，通过收集档案、文字资料和访谈，衡量社区生活设施、公共开敞空间、社会多样性等社区社会环境的变化。最后,通过对居民的问卷调查,收集居民日常活动和出行、邻里交往和主观满意度等指标反映居民活动和感知的变化。根据新城市主义支持者的观点,紧凑的密度和混合的土地利用、便捷的社区服务设施、多元混融的社会群体、可负担的住房和友好的邻里交往环境,被认为具有良好的社区形态(New Urbanism,2002);尤其可以通过上述指标描述来显示这些社区形态的变化趋势——更好或者更欠佳的社区形态。

其中,作为连接地理学视角的城市社区演变以及城市规划视角的社区再生之间的桥梁,社区物质环境对社区社会环境和居民生活影响的探讨,起到承上启下的作用。即在社区形态的三个方面中,考察社区物质环境形态的改善,是否会"自然而然"地带来社区社会环境的提高和居民生活品质的提升。这个研究结论将对下面的社区再生规划研究提供直接的理论支撑。

而后,从城市规划视角,选择传统街坊社区和单位社区等两个案例,考察规划策略对社区形态进行调整而达到的效果。值得指出的是,无论有或者没有整体的社区规划,城市规划的力量都会渗透到社区之中发挥影响。从大部分中东欧城市的经验来看,城市中心社区和计划经济体制下的工人阶级社区,有着多元化的发展趋势:有些社区成为富裕阶层居住的围合而带有监控设施的门禁社区(gated community),有些经历中产阶级逃离的滤下过程而成为衰败社区(decay community),有些被新兴精英阶层占据而成为绅士化社区(gentrification community),也有些经过复兴项目成为单一功能的商业街或商业区,还有些利用原有工业设施和基础设施经过棕地(brown field)开发而成为现代工业园区。而在本书的两个案例中,在传统街坊社区,采取"有规划"的整体社区规划途径,基于城市形态理论尝试通过社区规划途径来促进城市社区的积极转变;而在单位社区的案例中,虽然没有整体的社区规划,然而在城市层面的规划作用和市场化力量的作用下,单位社区也出现了开放化、多元化和活力化等积极的转变。

再从比较的视角来看,虽然这两个社区的原型迥然不同——一个是传统街坊社区,一个是单位社区;规划的路径也不尽相似——一个在综合的社区规划下进行有组织、居民参与、自下而上与自上而下相结合的社区再生;另外一个在市场机制作用和更宏观层面规划的影响下进行自发的社区再生。然而,这两个案例中,转变的过程本身存在相似性——通过对土地利用的混合度、社区服务设施、公共开敞空间、居住单元模式和交通出行选择等规划载体的改变,达到提升居民生活品质、促进社区可持续再生等与北美新城市主义提倡的理念殊途同归的追求。换言之,这些转变过程中内在的联系,都在于居民和规划者、政策制定者对于社区作为人们赖以生存的家园的人文关怀,以及人们对提高生活品质的不断追求。

在构建转型期社区形态演变的研究框架时,应尤其注意有选择地借鉴西方已有的理论和模型。例如,在美国的精明增长和新城市主义理论中,对高密度和社区道路模式的强调在中国背景下不一定适用。此外,中东欧国家转型的理论和模型也不能照搬,因为中国城市是在渐进式改革的宏观背景下演变的,住房市场、土地市场并没有完全自由化,社区再生是在基层政府的"有形的手"和"无形的手"的共同干涉下进行的,这与中东欧国家"休克疗法"的模式中政府缺失的局面有本质不同。

根据以上研究内容和研究框架设计,将全文分为以下章节进行讨论:

第1章,绪论。在绪论部分中,结合中东欧国家转型期城市形态迅速演变的背景以及中国转型期规划和城市形态理论积累尚不多见的现状,阐述选题来由和研究的理论和时间意义。对选题进行改建界定,包括"转型期"、"城市和社区形态"以及"社区规划",并简述国内外研究现状。

第2章,多样化的社区形态研究。在本部分中,将分为以下几个方面对国际和国内已有的研究成果进行综述,以此明确转型期社区形态演变研究的理论定位:(1)转型期城市空间的转变;(2)城市形态及其度量;(3)全球视角的社区形态以及演变;(4)中国城市的社区形态及演变。

第3章,研究案例的特殊性。在此部分中,围绕着"社区物质环境—社区居民—社区社会环境"三者之间的互动关系构建概念框架,并阐述研究案例的典型性、数据来源等。

第4章,城市社区再生的国际经验。选取中东欧国家以及西方欧美国家城市两种不同制度背景下的案例,通过分析社区形态演化过程,总结城市形态途径的社区再生经验。

第5章,转型期传统街坊社区的形态演变。由于不可追溯历史时期的社区演变脉络,可以通过截取不同空间的片段来表现时间的方法来实现。为了控制地域差异的特征,选取同一个街道在不同时期采取不同规划策略更新的三个社区作为研究案例,以此代表这三个不同时期的三个社区形态,可以分析得出传统街坊社区在转型期中的形态演变脉络。

第6章,转型期单位社区的形态演变。以北京同仁堂制药二厂为案例,分为初建复产阶段(1973—1978年)、分区促产阶段(1979—1985年)、更新集约阶段(1986—1992年)以及开放转产阶段(1993—2006年)四个阶段,按照第5章的城市社区形态测度指标,描述社区的演变。

第7章,社区再生的理念与依据。基于第5章中分析结论得出的良好和不良的城市形态,进行社区再生理念和宜居的探讨。根据居民满意度调查,识别出社区存在的主要问题,据此确定社区再生的规划目标,并尝试选取适当的社区规划工具来实现这些目标。

　　第8章,社区再生的实践。本章中仍基于交道口的案例,结合社区合作参与,阐述传统街坊社区再生的实践过程。在实践策略中,强调仅仅关注物质环境更新是不够的,要同时通过创造和谐的社会环境并且关怀社区居民的活动和感知,才能从根本上提升社区的生活品质,实现社区再生。

　　第9章,面向中国社区的未来。对研究的结果进行总结,认为传统的社区形态在转型期中发生了根本转变,并可以通过适当的城市规划政策引导形成良好的社区形态。本章还将探讨本书的局限以及尚未解决的问题;同时,提炼社区演变对转型期城市规划的启示,并且对21世纪中国社区的规划方向进行展望。

2 多样化的社区形态研究

20世纪90年代,随着以苏联为首的社会主义国家解体和转型期的到来,世界范围内传统社会主义的城市空间结构也发生了本质的变化。然而,随着转型理论研究的不断发展,越来越多的学者注意到这些转型期的中东欧国家城市(Fassmann and Lichtenberger,1995;Andrusz,1996;Kovács and Wiessner,1997),在不同的社会、经济和文化背景下可能走向迥异的路径,即使在背景相似的中东欧国家中,芬兰、匈牙利(Kotus,2006;Polanska,2008)、南斯拉夫(Polanska,2008)、爱沙尼亚(Leetmaa and Tammaru,2007)、保加利亚(Hirt and Stanilov,2007)、俄罗斯(Golubchikov and Badyina,2006)等国家的城市在1990年东欧剧变之后的变化趋势也不尽相同。回顾这些中东欧国家的城市转型特征及其差异,将对理解同样处于转型期的中国城市的城市形态转变提供可比较和借鉴的经验。

目前,现有的转型理论研究很少涉及远离欧洲大陆的远东地区城市(Kovács,1999),尤其是中国城市近年来空间的演化——尽管在中国本土的研究中已经积累了一些改革以来区域与城市发展的实证案例,然而仍缺乏系统研究和对中国背景下转型期城市变化机制的探讨。

在这种研究背景下,城市形态为描述转型期城市空间的演化提供了极佳的视角。城市形态研究在北美和西欧等国家受到高度关注,并被评价为20世纪以来城市规划的第二次革命。借鉴城市形态的已有理论范式和定量方法,也便于将交通拥挤、社会交往冷漠等城市问题用城市规划的术语进行规范化表述,进行国际之间比较,并给出相应的城市规划对策来重新创造良好的城市形态。进入20世纪90年代,城市规划研究更是将城市形态与生活品质的话题相互联系起来,并且规划者相信通过创造良好的城市形态,可以间接改善人们的生活品质。

在居民个体的生活品质本身开始受到关注的同时,社区作为城市的基本建成单元,开始成为规划者和政策决定者关注的焦点。社区在转型期的变化,可以看成映射转型期城市空间变化的一个缩影。在社会主义转型期,中国城市中的两类主要社区类型——传统街坊社区和单位社区随着转型期的到来是否会像欧美国家的内城社区和工人阶级社区一样,在大规模工业衰退的过程中沦为衰退地带甚至贫民窟(ghetto)(Marcuse,1997;Hutton,2004),还是会随着绅士化进程,伴随再开发而成为富裕阶层集中的新"门禁社区"(Low,2004)？

带着这些问题，本书在从社区的视角透视转型期城市在转型期的空间转变时，沿着以下几个方面回顾前人的文献：(1) 转型期城市空间的转变；(2) 城市形态及其度量；(3) 全球视角的社区形态以及演变；(4) 中国城市的社区形态及演变。

2.1 转型期城市空间的转变

理解转型期中国城市的转变，首先要从认识中东欧国家在"传统社会主义时期(Pre-socialism)"的城市空间特征作为起点。因为转变并不是在白纸上发生的，这些中东欧的遗存将构成转型期时期变化的原型和背景。在现有的文献中，已经积累了很多关于苏联解体之后的城市以及这些城市转型的研究(Fisher,1962；French and Hamilton,1979；Kwok,1981；Smith,1989,1996；French,1995；Sailer-Fliege,1999)。然而，这些研究大多是在特定的国家政治经济背景下得出的，并且多以中东欧的实证研究为蓝本，因此在外推到中国转型期的研究时需要清晰的概念和假设条件界定——虽然同被称为转型期，中国与中东欧国家的转型趋势是截然不同的。因此，在不同的中东欧背景和转型范式下，转型期城市重构的趋势也可能是差异化的，西方提出的"汇聚理论(converge theory)"(Sztompka,2006；Holmes,1997)可能并不能解释"中国特色"的城市空间转变现象。

2.1.1 社会主义城市的空间特征

在传统社会主义时期，社会主义城市按照公平主义和严格计划的城市化原则而建设，它被认为是集权化的国家中央控制下的一项标准化工程(Sagan, 2001)。根据先前文献中对于社会主义时期城市空间结构的描绘，通常认为其具有紧凑的城市形态，土地利用相对均质，有着大尺度工业区，充满着预制板材质而极为平均和呆板的居住区(French and Hamilton,1979；French,1995；Smith,1996)。

从空间结构来看，城市通常沿着主要交通干线而紧凑布局，以实现集聚带来的规模优势。土地功能分区的功能相对均质，工业企业用地得到优先布局(Kwok,1981)。在城市中心，具有纪念意义的广场和景观大道是非常典型的社会主义城市景观；而在平均化的住房政策下，大量的多层或者高层住宅出现在城市中心区和郊区(Sailer-Fliege,1999)。

例如，在莫斯科，现今的空间结构仍很大程度上受到社会主义根源的影响。它的内城边缘地带的区域，集中了1990年以前的工业和居住区

(Golubchikov and Badyina,2006)。而在波兰城市的案例中,根据萨根的总结,典型的社会主义空间结构可以总结成四个圈层地带:一个历史中心、一个充满社会主义政治机关的过渡地带、一个模块化的居住地带和一个城市边缘包含工业区以及居住区的郊区(Sagan,2001)。

在极端的平均主义住房政策下,社会主义城市中也形成了独特的工人阶级社区。在中东欧城市中,由于先前资本主义遗留下作为商品的住房要被彻底铲除,出现了很多五六层预制板结构、条形分布的住房建筑(Fisher,1962)。大多数中东欧国家从 1960 年社会主义改革开始大规模建设这种住房,为了创建工人阶级社区,这些住宅周围都配置了很好的福利设施(French,1995)。然而,国家资金并不能马上解决这种摒弃资本主义住房存量后的住房短缺问题,在匈牙利、波兰和捷克斯洛伐克,采取了国家和企业合作的方式建设新的社会主义住房(Zaniewski,1989)。在后期维护资金缺乏的情况下,这些新社会主义时期社区马上面临着年久失修和衰退的窘境,很快失去了工人阶级住房的优越性(Smith,1996;Berey,1997)。

2.1.2 转型期和转型理论

在研究中东欧城市的变化时,通常将其放在"转型期(transition period)"的情境下分析城市空间的变化。因而,对"转型"概念的理解就显得尤为重要。最初,现代化理论被用于对转型期城市社会空间差异进行解释。这种理论认为这些中东欧城市必将沿着西方城市的道路前进,只不过在时间和速度上稍微慢一些,但是最终是要赶上西方的城市发展的(Burawoy,1994)——这后来也被称为汇聚理论(converge theory)。在这种理论下,根据斯托肯的解释,转型期可以定义为"通过模仿西方国家(主要是美国和西欧)体制,转型期社会进行快速自我重塑的过程,并且在世界发展中发挥领导作用"(Sztompka,2006)的过程。然而这种定义是在"汇聚理论"的前提下作出的,即假设转型期社会和西方社会是沿着线性道路、向着现代化方向直线前进,并最终趋同(Holmes,1997)。

然而,最近的研究逐渐对这种"汇聚理论"进行再审视和批判,开始采取一个更为开放的视角来理解"转型"的社会现象,并且关注这一过程中的复杂性和多样性(Elster,Offe and Preuss,1998;Stark and Bruszt,1998)。这些对"汇聚理论"进行批判的观点认为,很多因素都将对转型过程产生影响,包括不同的地方文化、传统和历史发展过程等。新的研究开始强调注重每个城市的独特性,联系城市背景文化来理解转型期城市的变化。然而,这种研究也认识到,仅仅描述转型过程和解释转型的原因是不够的,还必须结合全球化的背景来认识这种转变的趋势(Eckardt,

2005)。

在西方对于中东欧国家的转型研究中,通常会强调前苏联解体、社会主义阵营瓦解以来的政治、文化等各个方面的变化(Elster, Offe and Preuss,1998;Sztompka,2006),也有学者从地理学的视角研究转型所带来的社会空间分异(Zaniewski,1989)。这些研究认为,前苏联解体后,中东欧国家政府的管制从自治政府到地方社区层面的转移,导致了城市空间的碎裂化和以往中央集中式计划的难以实施(Bennett,1998)。在这些中东欧国家,转型主要通过劳动力市场和住房市场的变化发生作用,这也将对社会结构产生影响(Kovács,1999)。

2.1.3 转型期的城市重构

在这些原社会主义国家政治体制转变的过程中,城市空间也进行了重构,不同研究者关注到了中东欧城市转变的共同趋势:第三产业的崛起、传统工业区衰退、旧的工人阶级住房衰退、社会空间隔离、门禁社区出现和新住房的不可支付性(Fassmann and Lichtenberger,1995; Harloe, 1996; Szelényi,1996; Sailer-Fliege,1999; Ma and Wu,2005)。随着新制度的出现,很多社会、经济和制度变量都发生了变化,塞勒·弗利格(Sailer-Fliege)的研究中,将这些制度的变化总结为五个层面:

首先,在市场方面,自由主义引入市场之后,社会主义经济的运行开始从计划经济发生转变,城市土地和房地产的市场逐渐形成,住房也重新被作为商品而赋予价值。其次,在市场转型方面,全球化趋势下国际公司的注入,导致了去工业化和第三产业部门的崛起。再次,在社会层面,随着劳动结构的变化产生了新的社会分层(re-stratification),并出现了新的贫困和弱势阶层。而后,在城市规划的权力方面,虽然城市规划的责任已经转移到了地方政府层次,但由于预算的限制政府掌握的预算还是极为有限的。最后,在投资主体方面,国家已经开始不直接参与城市住房市场的建设了,城市住房市场主要是私人部门来投资(Sailer-Fliege,1999)。

另外一些学者研究发现,随着制度转变,中东欧城市的城市空间也发生了重构。一些学者基于中东欧国家的实证研究,将这些新的发展趋势总结为:(1)城市第三产业在郊区出现,并采取连锁超市和综合性购物中心的新商业形式(Pütz,1997)。(2)传统社会主义公共住房社区的衰退,这是由于公共部门对住房投资的不足引起的,也导致了传统工人阶级邻里的向下过滤(Berey,1997)。(3)住房私有化和社会主义时期遗留的结构性短缺,造成了住房可支付性的下降,由此原先的公共住房产生了拖欠房租、驱逐、无家可归者,而境况较好的家庭迁居到郊区的新住宅——这种迁居的流动性加剧了城市社会空间的分异(Sailer-Fliege,1997)。

(4)内城的土地价值凸显,这些地块重新作为商业功能被再开发和更新,很多情况是在私人部门的投资下完成的(Kovács,1999)。(5)作为城市不断私有化和碎裂化(fragmentation)的一种表现,门禁社区和带门卫的居住大院(guarded residential area)开始出现;虽然在类型、位置和封闭的程度上并不相同,这些门禁社区却为高收入家庭提供了通过自我选择而进行自我社会分离的机会(Glasze,2003)。

相应的,在针对中国背景的转型期城市演变中,在出现与西方城市相似的内城衰败、郊区购物中心、门禁社区等现象的同时,也反映出一些亚洲城市的特质(Zhou and Noen,2001)。在双轨制土地市场体制下,大量工业和机关单位用地转为商业用途,并形成了高新技术区、中央商务区、精英消费空间、创意者聚集区等现代城市景观;而与此同时,内城和郊区的住宅也经历着大规模的更新,其中一些在更新后转变为精英社区而产生了新的社会空间隔离(Ma and Wu,2005)。

2.2 城市形态及其度量

城市形态,为度量城市空间的变化提供了极佳的视角。近年来,有关城市形态的研究在美国等西方国家重新受到高度关注。20世纪80年代中期美国城市土地利用粗放蔓延式的发展模式开始受到批判:从城市形态的视角来看,蔓延式发展模式带来了很多负面效应,包括拥堵的交通、过度的能源消耗、高额的公共服务、低水平的户外活动以及冷漠的邻里交往等。规划师和政策制定者积极寻求应对蔓延的规划策略。由此,城市形态的话题重新引起了城市规划领域的研究兴趣,并成为城市精明增长和新城市主义运动的理论基石(Talen,2003)。可以认为,对城市形态的衡量,掀起了美国规划领域的第二次浪潮(Jens and Burton, et al.,1996)。

城市形态并不是一个新的话题,西方传统上对于城市形态的研究有着多源性。按照研究侧重点的差异,可以分为以欧洲中世纪城市的基因型态(Morphogenesis)分析为基础的市镇规划研究(Conzen,1960;Whitehand,1977);以美国芝加哥学派对城市用地以及社会空间分布分析为基础的城市功能结构(Urban Structure)研究;以20世纪中后期城市设计和建筑领域对城市意向、心智地图以及文脉分析为基础的环境行为研究;以及以西方马克思学派基于资本积累与建成环境(Built Environment)联系的政治经济学研究等源流(谷凯,2001)。

相对西方而言,中国近年来出现的大量城市形态的理论和实证分析,更加侧重城市物质空间;现有的研究分别集中在地理学、城市规划以及景观和建筑设计等领域,并衍生出一系列相关的空间战略规划与城市设计的实践。城市地理学对于城市形态的研究,通常从区域和大都市区尺度入手,关注城市空间结构及其影响因素,并探讨城市增长和演变的动力机制等问题(林炳耀,1998;韦亚平,赵民,2006;姜世国,周一星 2006;Feng and Chen,2010)。其中,城镇体系的空间结构和城市分形两个话题受到格外关注。城市规划领域对于城市形态的研究,通常集中在城市内部尺度,关注城市空间发展战略、土地利用格局及与交通的关系等话题(郑莘等,2002;段进,1999/2003)。建筑和景观设计领域对于城市形态的研究,通常集中在居住小区、街区和细部尺度,关注居住小区内部的功能布局和交通组织、街区的城市意向和景观品质等话题。中国的城市形态研究在借鉴西方传统理论的同时,呈现出更加侧重物质空间以及侧重应用的特征(张昌娟等,2009)。在中国,虽然良好城市形态的理念已经逐渐被规划者和设计者所接受,然而尚缺乏多维度、多尺度视角对城市形态整幅图画的描绘。

20世纪90年代开始,美国规划者开始转向用生活品质作为考量城市形态的指标,并认为城市形态的作用是通过间接影响社区形态改善人们的生活品质。本书对城市形态度量的最新进展,主要分为景观生态形态、城市土地利用形态、城市交通形态、城市社区形态以及城市设计形态等五个维度(表2-1)。其中,与社区演变话题直接关联的是城市社区形态与城市设计形态两个维度——这也是本书将重点关注的两个维度,在下文展开的分析中一些测度指标和方法将直接从城市社区形态和城市设计形态这两个维度已有的研究中借鉴。

表2-1 美国城市形态研究的五个维度

维度	主要关注角度	研究者	尺度	数据性质
景观生态形态	环境保护	自然科学家	区域(regional)	土地覆盖
城市土地利用形态	土地利用经济效率	经济学家与土地利用规划师	大都市区(metropolitan)	土地功能、就业和人口
城市交通形态	交通可达性	交通规划师	都市区与次都市区(submetropolitan)	就业、人口和交通网络
城市社区形态	社会福利	社区规划师	社区(neighborhood)	社会属性数据
城市设计形态	审美和可步行性	城市设计师	街区(block)	图像

2.2.1 景观生态形态

景观生态学者对城市形态的研究,源自于对自然环境和资源保护的初衷。景观生态形态学广泛应用于区域尺度的自然资源评估、海岸带监测、栖居地保护、土壤分类、排水模式分析、耕地评估或者植被条件的评估等。它们的关注点不在于城市内部,而是针对城市边界之外的耕地、牧场、森林、水域等地表覆盖类型、质量与分布规律。

该类的研究数据一般采取遥感影像或者航拍图。例如,精度达 30 m 的 1992 年美国地表覆盖数据(National Land Cover Database,1992)可用来作为原始数据,再应用图形图像学的知识来进行解释和分析。一般来说,景观生态形态研究以具有同质环境条件特征的地表覆盖斑块作为空间形态分析的基本单元,这些斑块提供了植物和动物的栖居地。测度指标通常考量斑块大小、形状、覆盖构成、多样性以及连接斑块的廊道与条带特征等(McGarigal,2004)。景观生态学家提倡"聚集有离析"的良好形态,及有条带或者廊道连接的多个相互交织的栖居斑块组成的生态有机系统。

测度结果可以用来评估城市扩张所带来的后果。从景观生态学视角来看,城市扩张被认为是负面的变化趋势:由于城市扩张减少了森林和农场,也增加了机动车行驶量和不渗水地面,从而搅乱了栖居斑块,并进一步引发空气和水质量的下降。而不连续的城市蔓延则更有害,因为其使农地和野生用地栖居斑块更为破碎化而不再适合生物生存。分析发现,如果以 100 m 作为标准的边界宽度,斑块面积达到大约 3.2 万 m^2 时,才会为生物提供内部栖居地;而条带状则至少要 100 m 宽,才能支持不同斑块之间野生动物的迁徙。另外,也有学者提出斑块的形状同样重要,斑块的硬质边界会加剧竞争而应尽量避免。

这些研究结论——大面积斑块更有利于物种多样性——被直接借鉴到政府政策中,即在城市发展的同时要考虑通过搬迁和合并小面积斑块来获得大范围的自然保护区。在自然保护区规划时,要提倡设置足够宽度的缓冲区来避免硬质边界的形成。

2.2.2 土地利用形态

对城市土地利用形态的研究源于关注土地利用经济效率的初衷。其研究内容主要包括城市人口与用地规模、产业结构与用地结构、采取单中心或是多中心的开发模式,以及土地利用效率等。一般来说对于城市土地利用形态的研究都是在大都市尺度展开的。

研究数据通常采取人口普查数据中的人口与住房信息,城市规划部门提供的土地类型与分配信息,以及劳动局提供的就业地址、类型与规模等信息。城市土地利用形态的研究主要包括以下几方面:(1) 经济学家对城市最佳人口与用地规模的计算,这类研究主要是在理论上讨论城市具有何种人口、用地规模才能达到边际效益和成本的平衡。（2）城市地理学家对城市土地结构应该是单中心或是多中心的讨论。一般来说，随着城市规模的扩大，土地利用由单中心向多中心转变是一种趋势。而多中心的出现并不会降低首要就业中心的重要性(Rosenthal and Strange，2003)。

从城市土地利用形态的研究趋势来看，人们意识到尽管城市在郊区化与扩散，但是经济活动的集中度并未减弱(Mills，1992)，城市的主要就业岗位仍然集中在首要中心。另外，尽管科技不断进步，面对面交流的需求仍然使第三产业就业型土地利用集中化。这些研究结论对城市就业中心的规划与形成有着直接的指导意义：随着人们收入增加，人们更喜欢搬迁到房屋面积更大的郊区。在这种趋势下，仍然有必要保持集中的就业中心，提高城市土地利用的经济效率。

2.2.3 城市交通形态

对城市交通形态的研究源于关注机动交通运输效率的初衷。研究通常在次区域尺度上展开，以交通分析区(Traffic Analysis Zones，TAZs)作为基本单元，基于出行调查中的出行起始点、目的地、交通模式等数据，采取四阶段交通需求模型对出行行为进行测算。研究的主要内容涉及交通网络结构和交通可达性，旨在分析在现在和未来人口、就业与土地利用分配的条件限定下，次区域范围内人的通勤方式与运输物品的方式。

城市交通形态研究的对象一般为地方道路、高速公路和铁路等。交通网络的构型可以用很多指标来衡量。例如交通网络的总长度、密度，交通线路的连通性、可达性等。其中交通线路的连通性和可达性是城市形态关注的重要方面。连通性可以用道路段数与交叉口数量比例的方法，或者每千米道路交叉口数量来衡量；可达性通常可以用通勤时间、直线距离或沿交通网络距离来测度。对于交通规划师来说，人口与就业在公共交通走廊上的平衡是理想的交通网络与土地利用搭配，因其促使减少通勤距离和增加更多选择非机动交通的机会。

城市交通形态的研究对于制定成功的土地政策来说十分必要。尽管仍有争议，研究发现土地利用的密度、混合程度与微观设计可以影响人们的出行行为。这些研究成为减少机动车出行而采取高密度、混合利用和紧凑城市形态的土地利用政策的根据(Cervero and Kockelman，1997)。

2.2.4 城市社区形态

对城市社区形态的研究源于促进发展地方经济、营造社区感、提升设施可达性等的初衷。研究通常由城市规划师在社区尺度上展开，研究方法主要依靠近十年来才逐步完善的数据库进行空间形态的细节分析。

城市社区形态研究内容比较丰富,主要包括社区内用地构成和布局、街道网络和可达性、居民健康、社区社会融合性等话题。社区内用地构成研究关注地块的现有用途,预测社区就业和人口的增长,并调整和提供新功能的用地来满足居民的需求;或讨论邻近的土地开发、绿地保护等对于社区地产价值的影响。社区用地布局采取测度指标来评估社区内是否有混合的土地利用。街道网络和社区设施的可达性也是社区形态研究中的重要问题。有步行道、自行道网络的社区可以提供非机动交通方式而更利于社区居民的健康活动;步行范围内商业设施、娱乐设施的可达性也可以作为反映社区便捷性与促进社区健康的指标。

城市社区形态的研究成果广泛应用于制定公共政策。例如,社区人口与就业变化对用地的需求反映在规划修编中;对邻近社区的学校、公园等如何影响社区地产价值的研究可用于物业税征收政策;街道网络的可达性与居民行为和健康的关联性直接影响社区的街道规划模式等。近来,城市社区形态研究也被纳入到规划支持系统中,为制定和改变社区发展规划提供有效信息(Clifton, Ewing, Knaap, et al., 2008)。

2.2.5 城市设计形态

对城市设计形态的研究源于人们对城市设计的感知和体验。研究通常由规划设计师和建筑师在社区甚至建筑细部尺度上展开,通过田野调查或者访谈获得第一手数据而对居民对城市环境的认知进行分析。研究内容主要包括对城市物质形态特征的感知以及主观感受。

在具体测度方法上,城市设计形态研究在林奇的城市设计理论基础上不断丰富,主要采取客观测度和主观测度两种方法来判断城市形态的可识别性、可记忆性、可达性等。可识别和可记忆性的客观测度指标包括对建筑立面、街道、交叉口的环境视觉分析,车行道和人行道的宽度和铺砌,建筑高和街道宽的比例等(Clifton, Livi-Smith, and Rodriguez, 2007);主观测度指标包括由居民对环境安全、步行友好性以及物质空间美观性的打分评价等。在城市设计形态研究中,可达性也成为经常探讨的话题。规划者认为在社区中设计公园、游泳池、网球场、体育设施等可以促进人们进行户外活动(Giles-Corti and Donovan, 2002)。需要指出的是,除可达性之外,对于地方环境品质的衡量与感知也非常重要。研究发现人们对交通模式的选择并不完全取决于客观的土地利用和交通系统,同时也受对物质空间环境主观感知的影响(Kitamura, Mokhtarian, et al., 1997)。在衡量环境的感知度时,可以直接询问居民是否感到安全舒适,或者是让他们从很多邻里图片中挑选出最有吸引力的环境空间。

城市设计形态研究结果表明,人们对城市蔓延的感知为一种破碎和不连贯的城市设计。最近有关公众对于城市蔓延的态度调查结果显示了人们对城市蔓延的厌恶以及对城市精明增长设计的偏好。例如,被访者表示更喜欢保护的开敞空间、城市中心高密度的有活力开发,以及具有强烈地方归属感的城镇中心等城市景观(Ewing,2006)。

这些城市设计形态的研究成果对制定公共政策具有极强的指引性。例如,社区规划者通过把改善小区设计作为工具之一来减少小区内犯罪发生率,加强居民交往从而增强社区感,并提升居民满意程度(Hess,1999;Mehta,2007)。最近关于城市设计对居民健康行为的影响研究更是促进公共政策关注社区细部设计标准,从而促进形成健康的生活方式。

2.3 全球视角的社区形态以及演变

在转型期中,建成空间的转变可以看成是转型的一面镜子,或者被称为社会的空间投射(Lefebvre,1968)。这些城市物质空间的变化,可以反映出制度变迁和社会阶层转变的脉络。而社区,作为城市的建成模块和基本单元,又可以看做理解整个城市转型过程的一把钥匙(Bray,2005)。西方城市的社区演化,长期以来受到了地理学、社会学和城市规划领域的共同关注(Downs,1979;Stegman and Rasmussen,1980;Grisby,Morton,et al.,1984;Putnam,2001)。

在对中东欧转型期城市的实证研究中,发现了传统社会主义时期工人阶级社区的衰退趋势(Berey,1997;Kovács,1999;Sailer-Fliege,1999)。而与此同时,与西方城市门禁社区的出现相对应,在这些中东欧城市的转型中,随着居住隔离现象的普及化和对安全需要的增加,也在城市不同区域出现了"居住飞地"即"门禁社区"。然而,这些有着相似空间特征的有门社区,因诞生的文化和社会背景不同,却有着不同的服务目的以及对城市空间积极或者消极的影响(Blakely and Snyder,1997;Flanagan,2000;Harald,2002;Low,2004;Roitman,2005;Borsdorf,Hidalgo,and Sa'nchez,2007)。

2.3.1 典型西方城市的社区形态

在西方城市中,近现代典型的郊区化社区形态可以追溯到1923年佩里的邻里单元模型。20世纪80年代兴起的传统社区规划(Traditional Neighborhood Development,TND)开始认识到战后在北美郊区流行的发展规划单元模式的缺点(Bookout,1992b),并做出调整。传统社区规划(Traditional Neighborhood Development,TND)模式更加强调回归机动车普及以前传统小镇式的社区生活方式。强调小尺度的地块、狭窄的街道和友好的前廊——这样更加精细地利用土地，创造混合、高效的土地利用模式。

佩里的邻里单元思想在1923年提出，包括一系列的理论与实践（图2-1）。他的概念同样受到了先前规划者的影响，比如霍华德的田园城市中提到，每个区（Ward）大约有5 000人以及在每个区设置小学的思想；还包括克拉伦斯·斯坦（Clarence Stein）和亨利·怀特（Henry Wright）将邻里作为基本社区单元的思想；以及在长岛（Long Island）进行的阳光花园（Sunnyside Gardens）规划实践。

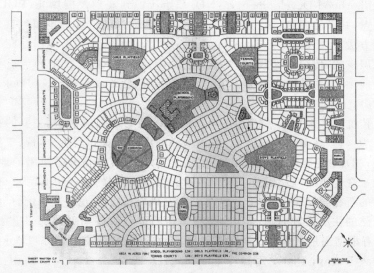

图2-1 佩里邻里单元模型的缩略图

佩里沿袭先前规划者强调的这些因素，并且认为一个理想的邻里"住房开发应本着临近原则，让所有家庭都能便利地接近公共设施"。邻里单元应该遵从以下六个原则（C. A. Perry，1929）：(1) 规模应足够支持一个小学；(2) 边界应由主干道组成，限制通行的车辆；(3) 有集中社区中心和分散的公园；(4) 学校和其他设施位于邻里中心；(5) 地方性商业设施位于邻里边缘；(6) 社区内部的道路系统设计尽量降低穿越性交通。

虽然佩里最关注的是邻里单元在建造新社区时的应用，他认为这个模型也同样可以应用于"城市中心的衰退地区，规模足够大并且有必要重建社区"（Perry，1939：96）。佩里邻里单元模型的重要意义，正如芒福德在《城市发展史》中所提到的："这种居住区的模式改变了以往通过街区来界定邻里的方法，而是创造了更加复杂的社区形式，这改变了街道对于社区空间的限制，为居民提供了公共建筑、开场空间和社区内部的设施：总而言之,形成了在郊区新的社区模式。"

然而,战后对邻里单元模型缺陷的各种批评开始出现(Jacobs, 1961)。这些批评认为,郊区发展(特别是低密度和大量同质性的住宅、零售和办公建筑)引发了远距离通勤的需要;同时也产生了交通拥堵、缺乏休闲和步行的机会;导致了空气和水的污染;引发了高额的基础设施消耗;产生了社会同质性以及社区感的缺失(Bookout,1992a;Calthorpe, 2003;Duany,Plater-Zyberk,and Shearer,1992)。另外也有批评者认为,这种千篇一律的社区设计破坏了自然资源的特质(Bookout,1992c)。

针对这些不足,20世纪80年代兴起的传统社区规划(Traditional Neighborhood Development,TND)开始认识到规划发展单元(PUD)中的缺点,并做出调整,试图重新营造小汽车普及以前传统的小镇气息。在规划方法上,《大西洋月刊(Atlantic Monthly)》的一篇文章专门介绍了这种发展模式,传统社区规划(TND)强调小尺度的地块、狭窄的街道和友好的前廊,并"剔除媒体炒作的所谓新传统主义规划理念"(Bookout, 1992a)。

传统社区规划(TND)尽力回归二战以前的规划风格,其主要的特点表现为:(1)混合利用的土地,包括多样的房屋形式和商店、学校、工作场所等;(2)中等程度和高中程度的土地开发,包括核心家庭使用的地块,多个家庭合用的地块以及多层建筑;(3)混合利用的社区中心,为一英里之内的所有居民服务;(4)方格网或半方格网形态的人行道系统;(5)临近道路的住房设置前廊;(6)车库在道路的背后;(7)有共同的邻里空间;(8)有根据当地气候和文化的建筑景观;(9)方便的交通体系(Bookout, 1992a;Duany,Plater-Zyberk and Shearer,1992)。

仅从这些规划的特点来看,传统社区规划(TND)是受到下文提到的新城市主义思潮的影响的,在空间上已经体现了新城市主义和精明增长的一些原则和理念。然而,在美国,以佩里的邻里单元为模型的郊区社区还是占了主导地位。据统计,目前80%以上的社区仍然是以佩里的邻里单元为蓝本的(Smart Growth America,2007)。

2.3.2 城市社区演变的研究视角

城市社区演变成为地理学、社会学和城市规划领域共同关注的话题。在北美国家中,"社区(Community)"的概念强调一定地域空间内、有机组织的人口和相互依存的社会网络(Park,1963)。在均衡状态下,一定社区内居住的人口具有同样的种族背景和收入层次,甚至对于社区服务具有相似的偏好。目前在西方社区演化的研究中,主要有以下四种视角:

(1)迁居视角的研究关注社区的稳定性(Grisby, Morton, and Duncan,1984),认为当社区品质上升或下降时,与新社区属性不相适应的居民就会迁出(Stegman and Rasmussen,1980)。

(2) 政治经济分析方法对城市建成环境的形成和演化已经积累了大量的解释(Havey,1977),认为资本转移、建成供给结构、租金差异和产权等四个方面相互作用,促成了生产关系中产生的资本向城市物质空间固化。

(3) 20世纪90年代开始,结合世界范围内的内城更新与复兴实践,一些学者在探究社区品质(Neighborhood Quality)的内涵时发现,有吸引力和活力的建成环境会促进社区社会经济属性特征的上升(Downs,1979)。

(4) 另有基于社会学的研究注意到,在人际关系日益冷漠的西方现代城市中,邻里情谊成为极富价值的社会资本(social capital),这使后工业时代重塑"社区感"成为城市发展中普遍的需要(Putnam,2001)。

2.3.3 中东欧城市的社区衰退

中东欧城市转型的结果,在带来了城市的复兴和新增长动力的同时,也在城市中的一些地区带来了明显的衰败、滤下以及贫民窟化(ghettoization)的过程。这种衰败的地区,在社会主义时期建设的旧工人阶级社区更加明显:那些建设于社会主义时期的住房,具有极其单调和乏味的景观,并且社区环境也是十分不人性的。在转型期中,随着这种社区居民社会经济分异,经济较好的家庭逐渐迁出,而使这些社会主义时期引以自豪的社区逐渐有沦为贫民窟的趋势。这一过程与西方大城市20世纪七八十年代的内城衰败过程极为相似(Kovács,1999)。

这种逃离传统社会主义时期社区的趋势,形成了城市中新的迁居潮,也成为诱发快速郊区化的一种力量。然而与西方资本主义国家显著的区别在于,不仅那些经济好转的阶层离开传统社会主义时期社区,非技术工人和退休群体也同样开始逃离,因为他们不能负担城市中心高昂的房价(Kovács,1999)。

另外,由于缺乏国家对住房部门的补贴和投入,这些社会主义时期的传统社区疏于维护,从物质上价值贬损的过程也有所加剧。很多这种社区被重新开发而转为第三产业功能,然而社会主义时期遗留的复杂权属问题和转型期立法和资金渠道的不健全却对这种更新的趋势形成了阻碍(Kovács,1999)。在传统社会主义时期社区衰败的过程中,传统社会主义时期留下的衰败的私人房产逐渐流向了城市中经济的弱势群体和老年家庭,从而加剧了迁居的流动性,也形成了新社会隔离产生的诱因(Sailer-Fliege,1999)。虽然目前的实证研究也发现,传统社会主义时期社区衰败的程度与其建筑质量、密度、社区环境等状况有关,但在中东欧城市中,社会主义时期公共住宅大量衰败的趋势在各个国家都十分普遍,并且已经成为转型期新住房政策制定时需要考虑的重要社会问题(Berey,1997)。

2.3.4 门禁社区在全球范围的出现

伴随着郊区化和城市碎裂化的过程,也出现了门禁社区或者带有门卫的社区(Glasze,2003)。值得注意的是,在中东欧城市中出现的门禁社区,通常不是在衰败的社会主义时期社区的基础上形成的(Sailer-Fliege,1999),而是伴随城市郊区化的过程,分布在整个城市地区(urban region),包括城市的边缘区和内城区。

门禁社区最初产生在从福特主义向后福特主义转变中的西方城市中,并以美国城市为代表。通常认为,伴随着郊区化,城市的空间结构也发生了转变,在城市边缘带有隔离设施的奢侈居住区被称为门禁社区(Low,2004)。弗兰纳根认为,门禁社区可以看做一种特殊的居住联合体(residential association),它在社区的入口设置门禁并限制入口数量,在社区的边界设置围墙和篱笆,并具有保安、摄像监控等安全措施(Flanagan,2000)。门禁社区反映了一种社会空间隔离的状态,这种门禁社区,在建筑外观和居民的社会阶层构成上区别于城市的其他地区,居民的生活方式和文化也显示出截然不同的差异性(Blakely and Snyder,1997)。布莱克利和斯奈德的研究认为,根据服务目的的不同,可以分为三种类型:具有较高生活品质的门禁社区、具有声望和受人尊敬的门禁社区以及出于安全考虑的门禁社区(Blakely and Snyder,1997)。

在中东欧城市中,居住在门禁社区中的住房所有者一般是高收入家庭,他们在社会分层差距加大的趋势下,希望通过门禁的形式与城市其他空间分离(dissociation)。作为传统社会主义时期社区衰败的对照,在转型期社会激荡的背景中,可以认为这种新出现的门禁社区满足了安全与声望的双重需要。尽管在区位、类型和封闭的程度上不尽相同,这种门禁社区在莫斯科、华沙和索菲亚等大城市中都可以观察到(Sztompka,2006;Brade,Herfert,and Wiest,2009)。

下文中将提到,在全球化的趋势下,中国城市的研究案例中也发现了门禁社区的现象,它的出现是与国际投资注入、外国人或者华裔外籍人士对于西方居住方式的偏好相关的(Wu and Webber,2004)。李远行和陈俊峰基于在中国南京的案例调查发现,与国外的经验相比,中国的门禁社区不强调社会阶层的分化,而是更突出围合(walled)、门禁(gated)两个特征,其社区内的设施也更加先进(李远行,陈俊峰,2007)。

而从全球的视角来看,门禁社区的出现并不是一种孤立的、新兴的现象,并且根据不同国家的不同城市形态,门禁社区的形式也并不相同。然而,门禁社区却不应被理解为是一种伴随着20世纪的郊区化才最新出现的现象。在西汉时代的中国,里坊制的出现使得居住区、商业区都被高墙围限,并且采取夜间宵禁的管理政策。这被战国时期哲学家管子认为是降低偷盗和奸情发生的一种有效的管理形式(Yang,1993)。而在欧洲中部,仍可见到中世纪或更古老时期遗留下来的墙和门,这种墙和门在最初是由于防御的目的而建设起来的。在南亚国家,例如印度,门禁社区的历史比美国的任何社区都更为久远。种姓制度(Caste System)要求空间隔离,因此到处可见街道两侧充满了高高的围墙,然后有一个大门通向主要道路;时至今日,虽然那些高高的水泥墙消失了,一些空间上的分隔仍然存在,并且阻止那些不经许可的居民进入(Harald,2002)。

在拉丁美洲,最近30年中也出现了很多新的门禁社区。这些社区被围墙或者栅栏围合,有保安、视频监控或者电子栅栏等安全防御措施,通常包含高尔夫、游泳池等体育设施,购物商店以及各种服务设施等(Borsdorf, Hidalgo, and R. Sa'nchez,2007)。根据波尔斯多夫的研究,虽然在不同的拉美国家这些门禁社区有不同的名称(在智利和巴西被称为Condominios,在阿根廷被称为Barrios Privados,在厄瓜多尔被称为Conjuntos 或者 Urbanizaciones Cerradas,在墨西哥被称为Fraccionamientos Cerrados),它们却都是由于拉美城市社会空间的碎裂化(fragmentation)产生的。城市不断蔓延到边界之外提供公共服务,这就使得居住空间需要被那些围墙和门的边界所限定(Roitman,2005)。根据观察,在一些大城市比如圣保罗、布宜诺斯艾利斯和智利等,已经有超过5万个门禁社区建立或者正在建立起来(Borsdorf, Hidalgo, and R. Sa'nchez,2007)。

中国内城社区,历史上也充满了关于封闭和开放的讨论。例如,詹纳(W. J. F. Jenner)在他的著作中,用一整章来讨论中国从古代城市的墙到现代的墙,从实体的墙到无形的墙,他认为"在围合的墙内,一切都可以被控制和安全地构建起来"。他试图在"围合"的空间和"社会控制"两个概念之间建立起联系(Jenner,1992)。在这些文学作品中,"墙"的围合,通常被消极地理解为封闭和防御等含义,这也代表了中国内敛的文化。

然而,这些国外学者通常忽视了中国历史长河中"墙"和围合社区形态的变化。事实上,始于战国时期,初衷为"奸盗罔侼无所容"里坊制延续到北宋时期,坊墙就被推倒来促进商业活动的进一步发展(杨宽,1993)。自唐代里坊制结束后逐渐打破了坊墙分割的封闭格局,形成了对外部开放、连通良好的社区形态。虽然坊墙消失,然而里坊的名字却留存下来作为地名,保甲制作为社区管理的制度在清代甚至民国也更加强化。坊墙的消失在中国城市的历史上具有重要的意义,它意味着从北宋开始城市功能已经由单纯的行政管制转向了促进商业的发展(贺业钜,1985)。这些对于中国有"墙"围合社区的理解,提供了与西方不同的理解门禁社区的角度——从点来看,在中国背景下探讨门禁社区,其意义不仅在于透视中国城市空间的变化,而更有着丰富的文化象征内涵——从五千年历史长河和冷战后的竹幕下走出的中国社区,在转型中将去向何处。

2.3.5 美国新城市主义社区的兴起

20世纪90年代初开始,美国的可持续和宜居社区运动掀起了新的高潮。在1993年成立的新城市主义协会(Congress for the New Urbanism)的推动下,美国越来越多的社区规划开始遵循新城市主义设计原则。在这种思想的影响下,美国出现了很多新城市主义社区。这些新城市主义社区,区别于典型的佩里邻里单元社区,强调体现"传统规划元素"特征,提倡回归二战之前"美国小镇"风格的小街坊、尺度宜人的街道和友好的前廊空间(Bookout,1992c),同时也提倡土地高效和功能混合的利用,鼓励步行,注重接近地铁、轻轨、公交等交通站点,以及接近社区服务设施等(Bookout,1992b)。

新城市主义旨在促进城市以紧凑形态集约增长,创造多元社会群体融合的社区社会环境,并提升居民的生活品质(Smart Growth America,2007)。规划师从社区物质形态和社区社会环境两方面入手,通过土地利用、交通和道路、社会群体和住房等载体来促成上述目标。社区层面的具体规划手段和政策包括:尽量使土地高效混合利用,增加交通外部连通性和内部设施可达性,促进多种社会群体的混合,增进有效的邻里交往,提供多样化的住房选择等(图2-2)。新城市主义社区应具有良好的社区形态,具体来说,包括社区物质形态和社区社会环境等两个方面:

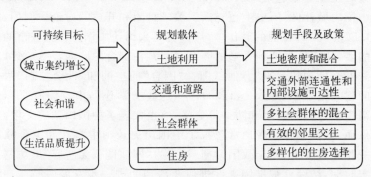

图 2-2 新城市主义的社区规划框架

(1) 社区物质形态

新城市主义强调"规划良好"的社区物质空间形态,重要的原则就是让社区居民可以在舒适、步行可达的距离内利用社区设施,同时尽量回归传统美国小镇的设计风格。物质形态上"规划良好"的社区特征可以总结为:① 可穿透性(Permeability),使住房和社区其他设施连接良好;② 活力(Vitality),致密的文脉,保证社区有丰富的活动;③ 多样性(Variety),混合兼容的土地利用和多样的住房套型选择,可以促进邻里交往并使居民将步行作为每天的必要活动;④ 可达性(Accessibility),为居民出行提供便利条件;⑤ 延续性(Heritage),与地方的历史发生关联;⑥ 可识别性(Legibility),容易辨认出地方环境的架构(Lynch,1960;Calthorpe,1993)。最近,新城市主义运动还开始强调通过土地混合利用等要素来增进居民的户外活动和公共健康(Centers For Disease Control And Prevention,2005)。

从这些物质空间特征来看,美国郊区化住宅密度较低,具有较多尽端路,具有充满单一家庭住宅(Single Family House)①的大街区,严格区划隔离的土地利用,并且远离社区服务设施(如图 2-3 上)。相比之下,新城市主义运动在物质空间形态上重视对社区规划中传统物质空间要素的回归,比如高密度、混合的商业和居住土地利用,连接性良好的街道网络,小街坊,以及接近公共交通和公园等(如图 2-3 下)。

图 2-3 新城市主义社区的物质空间特征

(注:上图 Forest Glen 属于典型的郊区化社区,下图 Orenco Station 属于新城市主义社区。)

通过这些传统物质形态要素在社区规划设计中的运用,新城市主义

---

① 单一家庭住宅(Single Family House):指美国一个家庭拥有独立土地的房屋,该房屋具有独立的车库、前后院等。

社区从鼓励步行、提供更多邻里交往机会、减少对机动交通的依赖等方面,提升城市的宜居性和可持续性(*New Urbanism*,2002)。同时,新城市主义社区也强调在城市中的大区位选择,使居民更接近就业岗位和日常活动主要目的地,以此减少交通发生量(Frank,2000;Ewing and Cervero,2001)。

(2) 社区社会环境

除了对上述社区物质空间要素的强调,新城市主义运动还提倡创造"社会良好的"社区环境,即更加关注社会群体多样化,在社区内实现各种收入水平和种族群体的充分融合。从广义的层面看,"社会良好的"社区环境给居民提供了更多接近学校、公共设施以及各种就业岗位的机会(de Souza Briggs,2005)。在社会环境诸要素中,重要的衡量指标包括:是否有贫困群体或少数种族的集中,是否体现出社区协同作用,以及是否有密集的社区社会资本。

目前的实证研究结果发现,社会多元化会促进社会资源更加均衡的分配,并且帮助创造更宽容和稳定的社会环境(de Souza Briggs,2005)。同时,社会多元化也有利于促进社区参与(Talen,2006),特别是社区中的中产阶级,发挥着连接高收入和低收入居民的"桥梁"作用。此外,居民感知和满意度评价的研究表明,社会群体构成多样化的社区中居民满意度更高(Berube and Tiffany,2005)。因此,要营造良好的社区社会环境,就不应该排斥低收入居民而将他们孤立起来。

2.4 中国城市的社区形态及演变

在转型期的中国城市中,社区有着不同的概念和内涵,社区建成环境的演化过程和动力也不尽相同。通常认为,中国城市社区分为四种类型:传统式街坊社区、单一式单位社区、混合式综合社区和演替式边缘社区(吴缚龙,1992)。在制度变迁的背景下,研究社区形态的变迁可以在城市空间转型的宏观层面和城市居民生活转变的个体层面之间架起一座桥梁。从社区形态的角度来看,社区既汇总了城市居民的个体行为,又在对城市整体的发展趋势进行响应。此外,社区作为空间载体,可以将居民迁居、住房市场、土地利用等一系列地理学和城市规划领域相关的话题串联起来。本书将关注点聚焦于前两类社区,关注传统街坊社区和单位社区的社区形态及演变。

2.4.1 中国传统街坊社区形态

中国传统的街坊社区,以北京为例,是以胡同和四合院构成的街坊为代表的。其社区形态形成于元大都建设时期,沿用了古代"里坊制"的思想,围绕水井来进行邻里组织。在蒙语中,"衚衕(hú tòng)"就是水井之意。

这种典型的传统街坊社区,由几条平行的大街、小街和胡同组成,具有呈"鱼骨状"特征,即民间所说的"蜈蚣"形。其中,大街宽 24 步(8 m),小街宽 12 步(4 m),胡同宽 6 步(2 m)。在胡同与胡同之间,正好是一个院落长度,为 44 步(66.7 m)。而社区的构成单元——院落,通常采取"八亩院"的标准构型(图 2-4)。

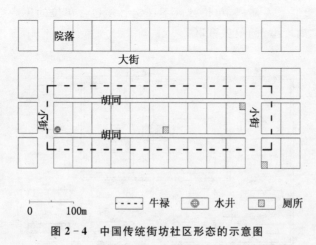

图 2-4 中国传统街坊社区形态的示意图

到了清代,社区形态更是与八旗制度相结合,不仅具有物质空间含义,更被赋予了社会组织功能。通常,每旗下属若干"牛禄",每牛禄下辖 300 户,设牛禄额真一人。牛禄相当于目前的社区邻里,是具有物质空间边界的基本社会组织单元。而在当代的中国城市中,随着 20 世纪 80 年代以来快速城市化过程以及越来越多的现代住宅建设,这种传统街坊社区形态只存在于城市的内城区中。

2.4.2 中国单位社区的形态

通常认为,单位作为中国城市中一种基本的地域单元,属于国家或集体所有,具有一定自治权,独立财政预算,共享住房、医疗等生活服务设施(路风,1989;李汉林,1993)。单位的基本功能包括组织生产、保障生活、落实上级政治策略以及社会调控等。单位包括国有企业、事业单位、国家机关在内的工厂、学校、商店等各种类型(柴彦威,张纯,2009)。

在中国城市研究中,单位更重要的意义在于其作为一种特殊的社区与城市空间的相互作用。中国单位社区的原形可以追溯到苏联在 20 世纪二三十年代为了巩固布尔什维克堡垒(Bolshevik Fortress)而进行的全新集体居住形式,即"社会凝结体"(Social Condenser)的实践(Bray,2005)。单位社区,一般是指以一个或多个单位为核心,以居住和生活服务功能为主体,由单位职工及其家属为主要成员构成的城市地域上的社区(图2-5)(柴彦威,张纯,2009)。在计划经济时代的单位社区中,单位成为提供生活物资再分配保障的空间载体,社区中的人际关系以生产关系为纽带,单位在社区生活组织中具有重要作用(李汉林,1993;Lü and Perry,1997)。可见,单位社区比"单位大院"的含义更广,它更强调居住功能和邻里联系。所以,单位社区不一定必须包含单位的生产空间,它也可能成为"离厂型"的单位社区。

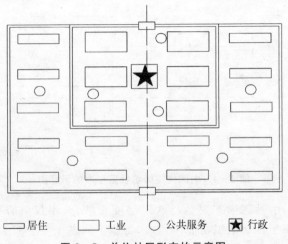

图2-5 单位社区形态的示意图

在计划经济时代的中国城市中,单位社区曾经是城市基础模块(Building Block)的主要类型。它被认为是一种标准化的空间模式,通过这种空间布局模式来强化政治的权威性和工人阶级的集体主义意识(Bray,2005)。

提起传统的单位社区,人们通常联想到的典型城市景观就是高墙下围合的、集体化的生产空间,其功能布局颇具欧洲空想社会主义的象征意义(图2-5):中心建筑一定是党政管理办公楼,象征着党的领导;而生活服务设施如食堂、浴室、幼儿园、医院、文化活动室等围绕在这个中心周围,形成单位大院的社区中心;外围是排列整体的厂房,再外围是同样整齐甚至毫无差别的住宅(Bray,2005)。

2.4.3 中国城市社区的演变趋向

中国传统社区形态的改变,始于20世纪90年代伴随着危旧房改造项目而推进的大规模内城更新。这些危旧房改造项目最初的目的是为了提高城市居民的生活品质(Wang,2003),然而与此同时,传统街坊社区的形态也逐渐消失。尤其是在1993年之后随着中央和地方的财政分权(Fiscal Decentralization),地方政府逐渐意识到危旧房改造项目的潜在利益,并且利用它作为带动经济的"增长机器(growth machine)"(Logan and Molotch,1987)。通过各种形式的内城更新项目,地块的容积率显著提高,这就提供了土地收益的机会。在这样的激励机制下,从上世纪90年代开始,类似于美国战后"推土车(bull-dozer)"式的改造方式在中国大城市的内城区展开。这种快速的内城改造,不仅使传统街坊社区的物质空间形态发生了本质性的改变,也破坏了这些传统社区中的邻里网络和文化资本(Rohe,2009),由此,政府"提升居民生活品质"的初衷被逐渐忽略了。

与此同时,在转型经济背景下,国外研究一般认为传统意义上的单位大院已经解体,这与国内学者的观点相似(柴彦威,张纯,陈零级,2008)。这可能与随着住房改革的深入,不断自由而活跃的迁居行为有关。李思名在北京通过问卷调查的实证研究发现,在住房市场发育较成熟的地方,大量居民从单位住房迁到商品房,这使传统上基于生产关系纽带的单位社区产生了住户构成上的变化(Li and Siu,2001)。但也有学者注意到,单位对转型期城市持续性而深远的影响不仅限于居民迁居,而且引发了城市和社区的空间演化(Huang,2005)。居民居住的选择在住房改革后仍有深远的影响。随着公房向私人账户沉淀的新的社会经济分异,原先的单位居民可以向更好的住房"滤上(better off)",而在城市空间上导致了单位社区的"残留(residualized)"——虽然大多数单位大院实体上仍然存在,但在住户结构(tenant profiles)变化的同时,单位社区的建成空间也开始演化。

传统街坊社区逐渐消失,单位社区逐渐解体,那么中国城市中的社区形态将在转型期中如何转变?又会形成何种新的社区形态?一些海外学者研究提出了种种可能的走向。例如黄幼琴认为,随着住房私有化和商品房开发,住房选择的多样化引起了"门禁社区"和"衰败社区"的出现(Huang,2005),这些带有居住空间分异标识的新现象将打破均质居住空间局面。另外,Bray认为随着自由主义的兴起,在城市快速开发过程中,"小区"将成为取代传统街坊社区和单位社区,城市空间管理、提供社区服务体系的新单元(Bray,2005)。但最近的研究认为"小区"的社区形态,尽管也有相似的围墙和门禁,在单纯居住功能与多功能混合、社区中心和邻里交往基础等方面,和传统街坊社区与单位社区的差异都很大;而且小区是一次性开发建成的,而传统街坊社区与单位社区可以随着城市环境的变化逐渐发育演化(Lu,2005)。

另外一些华裔学者提出了对这种汇聚理论(convergence thesis)的批判,认为不应将西方城市中的"门禁社区"、"衰败社区"、购物中心、新城等概念在转型后的中国城市中套用,应该考虑到那些中国城市的特质(Zhou and Noen,2001)。因此,转型期的中国城市可能是多元趋势的(Ma and Wu,2005),难以用一个简单的模型来概括。

无论在转型期中中国城市的社区形态如何变化,可以肯定的是,它将会对21世纪的中国城市发展产生重要影响,并且关系到未来上亿中国城市居民的生活品质。从社区形态的视角来解构城市空间的变化,将对未来中国社区规划提供启示和借鉴意义。

如上所述,在透视转型期中国城市空间的演变时,社区既汇总了城市居民的个体行为,又在对城市整体的发展趋势进行响应。中国城市社区在转型期的演变,既体现计划经济时期传统力量的延续,又体现了转型期中在全球化、现代化趋势影响下新的市场化力量的渗透。此外,作为城市形态在社区尺度的空间载体,社区形态可以将物质环境形态、社会环境形态以及居民行为和感知等一系列地理学和城市规划领域相关的话题串联起来。

自20世纪90年代东欧剧变以来,伴随着前苏联解体,中东欧国家转型期中城市空间发生的戏剧性变化(Hirt and Stanilov,2007),这些变化也引起了全球学者的共同关注。由此,产生了大量对于苏联解体后中东欧国家城市的转型进行研究的文献。这些文献涉及"中东欧早期社会主义(pre-socialism)"时期的城市空间特征、转型理论,以及转型期空间重构。这些研究普遍强调苏联解体、社会主义阵营瓦解带来的社会、经济、文化等方面的变化(Elster et al,1998;Sztompka,2006),认为中东欧国家转型中普遍出现的现象是随着中央集权到地方自治所带来的空间碎裂化,以及政府权力削弱所导致的规划中空。在这些研究中,通常关注的话题包括住房市场的变化、传统工人阶级社区的衰退以及转型中发生的社会空间分异。

然而,这些研究多是基于中东欧国家大城市的个案分析,而忽视了对亚欧大陆另外一端——中国等远东地区成员的关注。同时,这些研究多采取城市尺度的个案分析,缺乏比较的视角以及转型微观机制的解释。不难想象,由于社会经济背景的差异,这些基于中东欧国家经验而总结出的"汇聚理论(converge theory)"可能并不能解释中国城市社区的演变。

针对这种个案分析普适性和微观解释机制的局限,本书在这些转型期社会主义城市空间转变已有文献的基础上,强调关注城市形态本身——它为定量测度城市空间提供了极佳的视角。城市形态的定量研究掀起了北美城市规划领域第二次革命的浪潮(Williams and Burton,2000),它在采取空间计量的方式对城市空间进行刻画、解释和预测的基础上,其本质是强调居民生活的品质(Bookout,1992a,1992b;Song and knap,2004)。从多维度、多尺度的视角来看,城市形态的相关研究可以分为景观生态形态、土地利用形态、城市交通形态、城市社区形态以及城市设计形态等五个维度(Clifton,Knaap and Song,2008)。在本书的研究中,聚焦于社区演变因而重点关注后面两个维度,即对城市社区形态进行定量分析。值得关注的是,借鉴西方城市形态来对社区演变进行分析,其目的不仅在于对城市社区形态进行定量的刻画,而是通过对社区形态演变的描绘捕捉社区变化的趋势,并且当这些社区出现不良城市形态端倪时(例如,建筑的衰退、失业上升和社会隔离),采取相应的规划工具来做出响应。目前,在北美盛行的新城市主义和精明增长理念尚未在发展中国家进行案例研究,因而本书不仅要检测这些在发达国家和地区中普遍认为的良好城市和社区形态——高密度而混合的土地利用,高度通达的交通网络,多样化的交通方式选择,便利而多样的服务设施——对于转型期背景下的中国城市社区来说,是否依然被城市居民所接受。

小结来看,社区变迁的视角,将为丰富转型期中国城市空间转型以及中国城市社区演变提供重要的理论框架。从全球视角的城市社区形态以及演变趋势来看,社区形态的变化可以反映出制度变迁和社会阶层转变的状况:中东欧国家的社区,普遍出现了明显而尖锐的衰败、住房滤下以及贫民窟化的过程——在传统的旧工人阶级社区这种变化更加明显。与此同时,在苏联解体后中东欧国家城市以及西方欧美城市,同样出现了带有居住隔离指向的"门禁社区"——虽然产生的背景和服务的目的不同,却有着相似的空间特性。而后,全球社区变迁的另外一个视角,是20世纪90年代以来在北美新城市主义社区的兴起,这种社区强调良好的物质环境形态与良好的社会形态,提倡高效而混合的土地利用、多样而便利的服务设施、多种交通方式选择、社会阶层充分混合以及紧密的邻里交往(Miles and Song,2010)。

在回顾了以中东欧国家为代表的传统社会主义国家城市的演变和西方城市社区演变的趋势之后,当笔者把焦点重新放回到中国城市社区的变化时,应放到中国转型期特定背景下来进行理解和分析。无论是中东欧国家城市的传统工业社区的衰退,还是北美新城市主义社区的兴起,这些都说明虽然在不同的制度背景下,但人们对更好生活品质的追求是相通的。要追求良好的生活品质,就需对现有的社区形态及其变化趋势进行分析,这样才能为中国背景下的社区规划提供研究的基础。

有很多西方学者将中东欧国家城市在转型期中的衰落,归咎于制度本身,因此在 90 年代初的很多研究中,他们大多是戴着敌意的有色眼镜来理解和认识中国城市发生的转变,并预测同样的衰败也将不可避免地发生。然而,中国在改革后的转型之路,有着极为特殊的特征——既没有经历制度的崩溃和休克,也没有经历全盘西化的过程——体现了软着陆的渐进式改革特征。

随着转型期中国政治经济制度的变化,城市土地和住房市场的相继建立,社区的物质环境形态、社会环境形态、居民的活动和感知等都发生了重要的转变——这使得社区的功能和性质发生了本质的转变。这些研究主要是围绕着两类社区——传统街坊社区以及单位社区而展开的。有学者认为,随着城市中心地区区位优势的逐渐显现,传统街坊社区面临着在"增长机器(Growth Machine)"激励机制下,被地方政府与开发商联盟而再开发的挑战(Logan and Molotch,1987)。关于传统计划经济时期形成的单位社区的走向,在中国国内的研究中也是众说纷纭的,传统上存在着相互争论的两派观点——消失论(彭穗宁,1997;陈志成,2001)与残留论(范炜,2002)。然而,这些关注社区演变的研究仍然缺乏对将社区作为空间实体的关注,也较少关注社区中人们的生活品质(柴彦威,张纯,2009)。这样导致的现象是,虽然中国城市社区的演变是以计划经济时期的单位社区以及再早些的传统街坊社区为原型的,然而中国规划者在帮助政府和开发商在进行各种雄心壮志的城市边缘开发和城市内部大规模更新时,却极度忽视这两类社区对中国城市空间产生的深远影响(Fung,1981;Kwok,1981)。

3 研究案例的特殊性

  目前的转型期研究通常强调个案和质性研究方法的运用,联系城市社会经济文化背景来解释后城市空间结构的种种变化,其中,案例的典型性和代表性就显得尤为关键。目前的转型理论多基于中东欧国家的案例,强调前苏联解体以来的政治、文化等各个方面的变化(Elster,Offe and Preuss,1998;Sztompka,2006),也有学者从地理学的视角研究转型所带来的社会空间分异(Zaniewski,1989)。

  然而这些基于中东欧国家大城市的个案分析,忽视了对大陆另一端亚洲社会主义成员的关注。同时,多采取城市尺度的个案分析,也缺乏对转型微观机制的解释。当关注点集中于以往中央集中式计划的难以实施(Bennett,1998)及其产生的各种问题时,难免带着消极的观点来评判中东欧城市发生的转变。

  鉴于上述局限,本书在研究转型期中国城市社区形态变化时,选取北京内城东城区的交道口街道下属南锣、菊儿和交东三个社区作为传统式街坊社区的研究案例,选取丰台区的同仁堂社区作为单位社区的研究案例。北京作为中国的首都,既有大量传统街坊社区,又集中了中央、市、区到街道等各行政隶属的单位,因此作为选择研究案例所在的城市具有一定代表性。

  选取北京市东城区交道口街道的原因是,它是北京市老城区中整体格局最完整、历史遗存最丰富、规模最大的传统街道之一,属于位于内城区的传统街坊区。更为难得的是,交道口街道下属的 10 个社区中,除了 6 个社区属于历史文化保护区范围内而严格保护之外,还有 3 个社区采取"修旧如旧"的方式部分更新,另外一个社区全部更新为现代住宅区——这提供了采取对比研究方法的绝佳案例:这三个在不同政策下更新的社区,提供了研究三个不同时期社区形态的空间截面。同时,在同一街道内选择社区也可以尽量控制其他变量,重点关注城市形态作为空间变量的影响。南锣社区、菊儿社区和交东社区分别是交道口街道中完全保持传统风貌的胡同社区、更新后大体保持传统风貌的社区、现代式多高层住宅社区等不同城市形态特征的三个社区(居委会社区)。

  选择位于北京市东南三环附近的同仁堂社区为单位社区的代表研究案例,是考虑到同仁堂集团是中国历史最悠久、品牌影响力最大、改革后改制最成功的国有企业之一。其中,位于南三环中路的同仁堂社区是在原北京中药四厂的地址上建设的同仁堂集团下属企业之一,是北京制药行业中规模较大、功能较综合、结构较完整,兼具生产、居住功能为一体的单位社区。这一社区在转型期的形态变迁,反映了国有企业改革背景下附属社区演变的一个缩影。

3.1 交道口街道下属的南锣、菊儿和交东社区

南锣、菊儿和交东社区所在的交道口街道位于北京市东城区鼓楼东南,面积 1.45 km^2,户籍常住人口约 5.3 万,实际居住人口约 3 万,人口密度为 3.7 万/km^2;1993 年被划定为北京市 25 片历史文化保护区之一(Dongcheng Statistics Bureau,2006)。从 1995 年到 2005 年的人口普查数据来看,交道口社区的户籍常住人口变化不大,街道人口自然增长率为 −1.75‰;暂住人口约 5 000 人;总人口增长率为 6‰。从年龄结构来看,街道内老龄化趋势严重,18 岁以下人口比例为 22.4%,19~59 岁人口比例为 46.9%,60 岁以上人口比例高达 30.7%。平均每户家庭的家庭成员数量为 2.7 人,低于该年度全市平均水平 2.9 人。虽然没有家庭收入数据,但问卷调查显示,超过半数的居民家庭收入在 1 500 元到 2 000 元之间。

南锣社区位于交道口街道的中南部,是保持最多传统住宅特色的居住社区。该社区面积 0.12 km^2,大约 1 685 户,4 518 人(Dongcheng Statistics Bureau,2006)。虽然近年来有十余个四合院在"微循环"工程下进行小规模渐进式更新,但基本上还保持着平房的四合院民居传统风貌(Dongcheng Statistics Bureau,2006)。南锣社区除了包含南锣鼓巷南段的 1/4,还包括棉花胡同、板厂胡同、炒豆胡同等四条胡同(图 3-1 上)。

菊儿社区位于交道口街道的中北部,改造后具有中国传统建筑风格的低层"类四合院"社区。该社区面积 0.12 km^2,大约 1 818 户,4 596 人(Dongcheng Statistics Bureau,2006)。其中,菊儿社区西部在 1980 年代末到 1992 年之间,作为"危旧房改造试点"而被改造成为三四层住宅为主的住宅区(图 3-1 中)。这个当时著名的"类四合院"工程,在 1992 年曾获得"国际人居奖(World Habitat Award)"等六项国内外奖励(Wu,1994)。

交东社区位于交道口街道的东北部,改造后以现代风格的多高层住宅楼为主,一层留作底商。该社区面积 0.18 km^2,大约 2 700 户,7 300 人。该地区原为土儿社区,从 1995 年起进行大规模铲除式危旧房改造,到 2003 年完工,新建 9~12 层住宅楼 16 栋,并在楼中心新建四合院 3 个,并新增城市广场、中心花园和健身场地等,旨在建设"现代文化特色的新型小区"(图 3-1 下)(Dongcheng Statistics Bureau,2006)。

因而,这三个社区中,南锣社区保存了最多传统邻里特征,交东社区

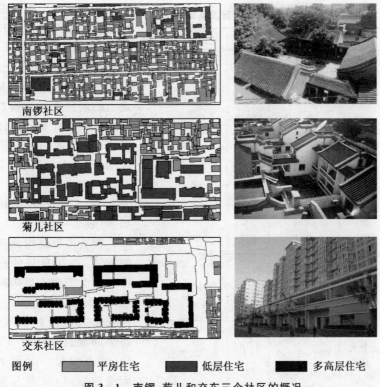

图例 ▨ 平房住宅 ▨ 低层住宅 ■ 多高层住宅

图3-1 南锣、菊儿和交东三个社区的概况

最具有现代集合住宅楼的特征,而菊儿社区因采取"类四合院"模式改造而介于两者之间。

在交道口街道下属的南锣、菊儿和交东社区的调查,主要通过图像数据提供了社区物质形态的信息,通过一手问卷调查数据提供了居民个体特征、邻里交往、日常活动、满意度以及迁居意愿等信息,而辅助性的深度访谈丰富了居民对于社区物质形态体验和理解的语义信息。

首先,图像数据来源于 2006 年"数字北京"和大比例尺的遥感图像,利用这些图像转化为 GIS 分析底图,可以便于掌握社区物质空间和建成环境特征。底图反映了社区的建筑密度、街道设计、土地混合利用、社区设施可达性等,并包含门牌地址便于与问卷数据中的居民住址相匹配。

其次,问卷数据主要来自街道范围内的配额分层抽样调查。调查对象为交道口街道内居住的家庭户主,在 2005 年 12 月至 2006 年 6 月之间,通过在下辖 10 个居委会社区中的 3 个——南锣社区、菊儿社区和交东社区分别随机抽取 130 个居民作为样本,共发放问卷 390 份,问卷有效率 81.0%。其中,为了突出菊儿胡同特殊的"类四合院"空间形态,只选

表3-1 交道口社区问卷的居民基本特征

项目	选项	人数	百分比(%)
社区来源	南锣	107	41.3
	菊儿	49	18.9
	交东	103	39.8
	总计	259	100.0
个人年龄(岁)	<35	22	8.6
	35~44	43	16.7
	45~54	84	32.7
	55~64	58	22.6
	>65	50	19.4
	总计	257	100.0
性别	女	127	56.7
	男	97	43.3
	总计	224	100.0
个人月收入(元)	<800	16	7.2
	800~1 499	64	29.0
	1 500~2 000	122	55.2
	>2 000	19	8.6
	总计	221	100
产权类型	直管公房	88	36.1
	单位自管房	25	10.2
	私房	128	52.5
	租房或借住	3	1.2
	总计	244	100.0

取居住在"菊儿胡同危旧房改造工程"第一期和第二期中的居民。并且,为了保证数据质量,只选取在社区居住时间在15年之上的居民来作为调查样本。从调查样本的总体情况来看,年龄以45至54之间为主,女性居多,个人月收入多在1 500~2 000元之间,私有产权的住房居多(表3-1)。

调查采取结构式问卷的方式,在休息日的白天由居委会工作人员陪同发放,当面填写回收的入户调查形式进行数据收集,每个问卷持续30~40分钟,重点收集以下几个方面的数据:(1)个人基本信息和家庭属性。年龄、性别、教育程度、家庭人口数、家庭收入等。(2)居住条件。包括住房面积,房屋的正房数量,厨房、卫生间数量,基本生活设施,房屋产权、房屋获得来源,维护情况。(3)个人日常活动。上下班(学)、购物、休闲健身、就医等活动的频率,交通方式,持续时间,是否有人陪伴等。(4)邻里交往活动。能说出院子或者单元里几个邻居的名字,其中几个会见面打招呼,其中又有几个是比较熟识的朋友,平常锻炼、休闲娱乐、购物是否有陪伴等。(5)居住满意度。对居住条件、公共设施和居住氛围等3个领域的15个指标进行五点量表评价。(6)迁居意愿。也是社区满意度的侧面反映,包括迁居意愿,是否愿意改造后回迁,如果迁走是否会留恋故地,什么因素导致留恋,等等。

在问卷调查进行的同时,将访谈录音转换成为文字材料,并参照社会学方法对复制记录进行语义的编码和合并同类的提取分析。同时,一些政策相关的文字资料也被搜集起来,例如宣传活页和网络介绍,作为问卷数据的补充。

3.2 同仁堂二厂下属的同仁堂社区

同仁堂社区是以一个工厂为核心、周边布置居住区的典型单位社区,具有两个厂属的家委会,占地约 150 hm²。同仁堂社区地处丰台区东铁营街道,北部近邻南三环路。它隶属于北京市同仁堂集团,包括西南部建于 1973 年的同仁堂制药二厂和储运站等两个主厂区,以及东北部分别建于 1976—2001 年之间的四期单位居住区(图 3-2)①。

图 3-2 北京同仁堂单位社区布局

同仁堂社区分布在单位厂房和储运站的北侧和东侧,单位生产区和居住区有共同的围墙,并共享部分生活服务设施。同仁堂社区包括四期单位住房:建于 1976 年的多层板楼(12 号、14 号楼)、建于 1985 年至 1993 年之间的高层塔楼(16 号、18 号、20 号楼)、建于 1996 年的多层板楼(10 号、11 号楼),以及建于 2001 年的高层塔楼(3 号楼)和多层板楼(6 号、7 号楼)的混合住房(北京同仁堂史编委会,1993)。

---

① 参考同仁堂集团档案室内部资料。

这四期单位住房的总住户约为 2 100 户,总人口规模 6 300 人。虽然无法得到人口普查数据,但是从家委会和房管处的资料得出,从 1986 年以来单位社区的住户结构和产权结构来看,单位社区中的单位职工家庭(家庭成员至少有一个在同仁堂集团就业或退休)的比例,已经从 100% 下降到 76%;而单位社区中的住房产权,也已经有 5% 通过出售的方式在二手市场上转让,另有 15% 出租(2006 年数据)。

为了便于阐述,将从 1973 年同仁堂前身(北京中药四厂)建厂开始至今的时间划分为四个阶段:"文革"末期的初建复产阶段(1973—1978 年)、改革启动期的分区促产阶段(1979—1985 年)、改革探索期的更新集约阶段(1986—1992 年)以及改革加速期的开放转产阶段(1993—2006 年)。

同仁堂社区的调查以地方志、企业发展史、单位基建处和房管处内部资料为基础资料,以以上时间为线索,回顾单位生产、居住及其他功能设施的演变。同时对单位社区的职工进行深度访谈。

在深度访谈的环节中,选取了 10 位被访者进行访谈。访谈对象的选取,考虑到平衡干部与工人、在岗与退休、男性与女性、社区中的单位居民与非单位居民之间的差异。这 10 位被访对象包括单位饮片厂副厂长(男)、退休的房管处处长(男)、保卫科科长(男)、药剂车间组长(女)等 4 名干部,1 名退休女工和 2 名在岗女工,根据他们对单位生产、居住及其他功能设施演变的回忆,辅以同仁堂的建设档案加以校核。访谈时间一般在一个半小时到两小时之间,并根据访谈需要,对部分访谈者进行了补充调查(表 3-2)。

表 3-2 访谈样本的基本情况

职务/工作	样本编号	性别	年龄	进厂时间	退休时间	单位内部居住史
房管处处长	C-01	男	61	1962	2006	第一、三期
保卫科科长	C-02	男	70	1964	2000	第一、三期
蜜丸车间女工	C-03	女	68	1957	1997	第二、三期
颗粒车间女工	C-04	女	48	1979	2008	第三期
颗粒车间女工	C-05	女	47	1989	2009	第四期
药剂车间组长	C-06	女	55	1980	2002	第四期(已退休)
饮片厂副厂长	C-07	男	65	1965	2002	第四期(已退休)
赵先生(无线设备厂)	C-08	男	63	2003(迁入)	1996	沙子口→第四期
李女士(餐饮店经理)	C-09	女	35	2005(迁入)	—	广渠门→第四期
叶先生(报社记者)	C-10	男	27	2006(迁入)	—	方庄→第四期

4 城市社区再生的国际经验

无论是经过激进式转型的中东欧国家城市,还是追求精明增长、新城市主义的西方发达的欧美国家城市,同样面临伴随着宏观经济环境而引发的城市特定区域社区衰退问题。很多国外案例提供了通过社区再生规划而改变社区形态——物质空间环境和社区社会环境,来提升社区活力、可持续性,从而为城市提供精明增长动力的成功或失败经验。在经济仍然快速增长、城市仍以新建设为主的中国城市,借鉴而有选择地将这些经过再生规划而形成的良好社区形态应用到中国社区,可以促进转型期的中国城市社区向更加宜居、健康、有活力的方向发展。

本章首先讨论东欧政治巨变后,前苏联国家城市在转型期中的城市形态转变和再生实践,苏联解体后这些中东欧国家城市的案例中不乏失败经验和教训。其次,探讨西方欧美国家中的城市,研究这些经过再生的"大城市中的小社区"具有怎样良好的城市形态,怎样在物质性改善的同时在社会环境上进行提升,并且探讨这些社区如何转变成为紧凑而具有活力的新城市主义社区。

4.1 中东欧城市中的社区演变与再生

在1989年中东欧政治巨变后,曾经作为社会主义枢纽的城市演化引起了很多学者的研究兴趣。在整个1990年代,这些城市演变趋势不仅仅是简单的郊区化,而是社区形态都发生了翻天覆地的变化(Kotus,2006)。

在城市尺度上,理解转型期中国的城市转变,首先要以认识"传统社会主义时期"的城市空间特征作为起点,因为转变并不是在白纸上发生的,这些中东欧的遗产将构成转型时期的变化原型(antetype)和背景。1989年后中东欧国家政治、经济和社会关系的重构,给城市规划师提出了前所未有的挑战。在制度转型的同时,也对社会的各个方面产生了连锁反应,由此旧的空间法则不再适用(Nedovic-Budic,2001)。那些20世纪80年代做的规划基本被新的开发商忽略掉了,因为他们没有反映出新的市场和土地原则。几乎整个20世纪90年代,所有的开发都是在城市边缘进行。

因而,规划者需要考虑的新问题是,通过城市形态作为规划载体,在规划和市场行为之间建立联系。在21世纪开始的时候,城市建成环境被赋予了新的含义,也成为全球范围吸引投资的一个重要因素。因此,在1990年代末和21世纪中,很多中东欧城市重新进行了城市尺度的总体规划制定和修编,以突出新的市场原则(表4-1)。其中,布拉格和布达佩斯在吸引国际投资方面都非常成功,因为这两个城市的商业基础设施非常好,提高了生活的品质,而使其成为居民最理想的居住地之一。

表4-1 主要中东欧国家首都的规划活动

城市	1989年之前的总体规划		1989年之后的总体规划		战略规划
	制定	修编	采纳	修编	采纳
柏林(Berlin)					
华沙(Warsaw)	1982	1992	2000		
布达佩斯(Budapest)			1993	1998	2003
布拉格(Prague)	1986	1994	1999		2000
布拉提斯拉发(Bratislava)	1976	1993	2000		1999
莫斯科(Moscow)	1984		1999	2006	
里加(Riga)	1984		1995	2005	2005
维尔纽斯(Vilnius)			1998		2002
卢布尔雅那(Ljubljana)			2002		
贝尔格莱德(Belgrade)	1985		2003		
萨格勒布(Zagreb)	1986		2003		2000
布加勒斯特(Bucharest)	1980s		2000		
索菲亚(Sofia)	1985		2007		2003

在全球化的背景下,当更多的外资被吸引到这些中东欧国家的城市,新一轮的经济发展和城市建设随之而来。在这些中东欧城市,社区再生运动似乎成为了一场竞赛,使得私人权利和房地产利益充分被调动起来。然而这些城市中的社区再生,也体现出很多地方性特质(Brenner, 1997; Sykora, 1999; Kolossov, Vendina and O'Loughlin, 2002; Nuissl and Rink, 2005; Rudolph and Brade, 2005; Golubchikov and Badyina, 2006; Kotus, 2006; Kovács, 2006; Vujović and Petrović, 2007; Polanska, 2008)。

4.1.1 莫斯科内城奥斯托任卡的社区绅士化

莫斯科曾经是社会主义阵营国家的枢纽,至今在中东欧城市中仍有重要的政治地位。在"一五"期间的北京1958版城市总体规划中,可以寻找到对莫斯科"环路+放射道路+工业组团"城市形态构架的模仿。案例中的奥斯托任卡(Ostozhenka)社区位于莫斯科内城区西南部,花园环路和布坚诺沃环路(Boulevard Ring)之间被称为"黄金一英里(A Golden Mile)"的范围内,紧邻克里姆林宫和基督救世主大教堂(图4-1)。

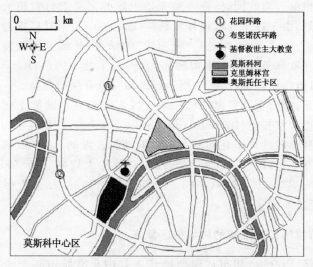

图4-1　莫斯科奥斯托任卡社区的区位概况

奥斯托任卡社区再生的案例,显示了基于社区的内城绅士化过程。按照社会主义计划经济时期的规划,这一区域应该被转化为行政用地,然而这一规划并没有被真正实施。在20世纪90年代,随着区位价值的显现,这个社区开始经历新的再开发过程。在1998年之前,越来越多的新型"精英"阶层开始购买这个社区的私有化住宅。因为莫斯科中心的土地有限,这些中心区的老住房被慢慢地拆除掉,而再开发为供给精英阶层居住的新住房。这种过程从原来的一个单元一个单元,转化为一个建筑一个建筑,然后蔓延为一个街区又一个街区的再开发(Golubchikov and Badyina,2006)。

1998年之后,政府逐渐认识到了再开发的市场价值,并开始通过大规模的整体项目来推进私人住房以外大量国家所有权住房和合作住房(cooperative housing)的社区再生实践。这些社区规划的具体策略包括:(1)历史建筑与现有住房的整修;(2)去除不兼容的土地利用类型,例如苏联时期的工业或者行政用地都被转为商业用途;(3)采取补偿方式,安置迁出的原住居民,吸引新的精英阶层来居住;(4)提倡随着建筑的更新,带来生活方式的"欧洲化(Europeanization)",甚至"全球化",吸引全球跨国公司来奥斯托任卡地区投资。

奥斯托任卡社区再生规划总体上被认为是一个成功转型的案例。到目前为止,这个社区带来了经济上的繁荣,并没有出现类似伦敦、纽约和世界上其他大城市那样建筑凋敝、治安混乱而被彻底遗弃的衰败迹象。

然而，正如史密斯(Smith)形容的"复仇城市(Revanchist City)"，绅士化过程中的安置环节充满了矛盾(Smith, 1996)，通常情况下现金补偿是低于市场价格的。与此同时，格丹尼克指出这些名义上打着历史保护旗号的社区规划，由于过于寻求再开发利益，而忽视了提升社区本身的再生目的(Gdaniec, 1997)。此外就是"欧洲化"的结果，导致了再开发之后一些建筑似乎在欧洲其他城市也似曾相识，失去了地方特色(Revzin, 2003)。也就是，虽然物质环境改善了，当地居民却并没有从中受益。

总体上来看，莫斯科奥斯托任卡社区再生规划中的绅士化过程与其他西方城市非常相近(Brenner and Theodore, 2003)。从这个案例中可以识别出两种不同的绅士化过程，1998 年以前自发的、个体独栋的住房更新，以及 1998 年以后开发商驱动、政府背景的大规模更新(Golubchikov and Badyina, 2006)。然而，在物质空间提升的同时，社会阶层的分化不是缩小，而是加剧了。

4.1.2 布拉格瓦茨拉斯的内城街区复兴

布拉格(Prague)和布达佩斯被认为是中东欧城市转型中成功的案例，因为这两个城市凭借历史文化资源转型成为世界著名的旅游城市，并且吸引了很多海外投资。1989 年柏林墙倒塌之后，布拉格也开始经历剧变，商业氛围逐渐显现。1993 年捷克斯洛伐克分裂后，布拉格作为捷克共和国首都，不仅成为中东欧地区的文化中心，也将"波西米亚风"的影响力扩展到全球。瓦茨拉斯(Wenceslas)街区位于布拉格内城南部，是老城区和新城区的分界所在。该街区沿着西北—东南方向延伸，中间是长条状的小广场，两侧是富于历史风格的建筑，总面积大约 45 000 m^2 (图 4-2)。

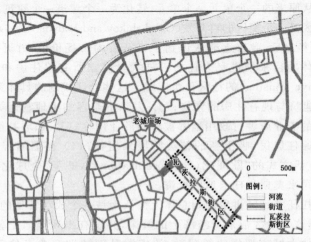

图 4-2 布拉格瓦茨拉斯(Wenceslas)街区的区位

布拉格的城市形态变化是与东欧剧变的政治环境紧密关联的。作为欧洲中部的具有区位优势的交通枢纽城市，20世纪90年代初期苏联解体后大量的国外资本开始注入内城区，激发了内城的商业潜力。布拉格内城区的商业和办公用途房产租金飞涨，大量的行政设施甚至居住用途的建筑改为商业和办公用途，内城居民甚至可以仅仅依靠出租私人房屋而获得暴利（Sykora，1999）。然而，随着90年代中期商业化趋势进一步加剧，开发商开始通过大规模内城再开发来提供办公场所，供不应求的"暴利"时期很快结束。和大多数内城地段一样，瓦茨拉斯街区也需要在郊区工业园、内城办公设施迅速增加的背景下重新发掘地方特色，塑造地方品牌。

瓦茨拉斯街区再生的案例，显示了新土地市场制度背景下的内填式开发与传统文化特色的结合。凭借深厚的音乐、艺术底蕴，瓦茨拉斯街区在再开发过程中，重点强调了歌剧院、音乐厅、博物馆、美术馆等文化设施，将莫扎特、斯美塔那、德沃夏克等曾经创作和演出的场所作为重要的旅游景点。同时，咖啡厅和酒吧等餐饮休闲场所也具有同样的历史文化氛围，洋溢着具有古典气息的音乐。除了艺术氛围，瓦茨拉斯街区还通过吸引国际品牌进驻来提升街区自身的吸引力，例如充分体现捷克特色的传统木偶和水晶饰品等。

瓦茨拉斯街区再生的案例被认为整体上实现了商业的复兴。然而，从最初内城区办公场所的暴利和供不应求，到不久之后大量内城开发作商务办公用途，导致租金水平下降并且空置率增加，仅经过了不到十年的时间（图4-3）。这个案例的重要启示在于，在转型期随着经济繁荣和大量外资注入，内城街区在出租办公空间来谋利之外，还必须结合地方特质和文化优势找到新的增长点。否则，当热钱不断转向商业地产，将房租高

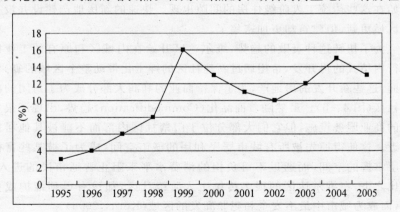

图4-3 布拉格办公建筑空置率（1995—2005）

高推起时,真正有益于地方社区的企业家已经在这种房租的压力下退出了,而剩下的却是投机者——这样表面上社区经济繁荣、物质空间复兴,实质上却是将社区引向了危险的经济泡沫边缘。

4.1.3 波兹南维尔达区的工人阶级社区衰败

图4-4 维尔达区在波兹南市的区位

同属中东欧阵营的波兰,仅从地理上实际已经属于中东欧范围之外。波兹南市(Poznań)在波兰的西北部,大约有57万人口,是波兰的第五大城市。其中,维尔达(Wilda)区是波兹南市南部最小的行政区,只有15 km² 的面积(全市面积的5.8%)以及6.4万人口(占全市总人口的11.1%)。维尔达区是西部的斯德米亚斯托(Stare Miasto)老城区与格伦沃德(Grunwald)新城区之间的过渡地带,在社会主义时期曾是大量工业设施所在的区域(图4-4)。

从20世纪90年代开始,包括华沙在内的主要城市都经历了极其混乱的郊区化过程(Sailer-Fliege,1999)。波兹南市的维尔达区也在这场剧变中经历城市中心人口外流,以及投资区位转向城市边缘的趋势,整个区域在这一过程中不可避免地衰败了。新老城区过渡地带充满了社会主义时代的工人阶级的简易住房,随着土地价值的逐渐显现,新的房地产开发开始在这些传统工人阶级住房的间隙出现。快速的新房地产建设并没有使区域更新,但建筑却更加密集了。

为了扭转这种衰败的趋势,维尔达区开始在内城区和原有的工业区进行内填式的再开发,希望通过新建社区的绅士化带动整个区域的复兴。然而,这些新开发的房地产,为了保持商业的利润大部分成为了封闭的门禁社区(图4-5)。虽然随着商品化(Commodification)趋势,出现了很多新的商业服务设施,但它们大部分位于门禁社区内部而不能被其他居民接近。这使得原先被所有城市居民利用的城市空间,成为了被某些富裕阶层掌握的空间,而通过不可负担的消费水平来阻止普通市民的进入。相比之下,在维尔达区的很多传统工人阶级社区,却没有得到维护或更新,而成为城市中最不安全和犯罪高发的区域(Kotus,2006)。

从维尔达传统工人阶级社区的经验来看,与内填式开发相伴的密集

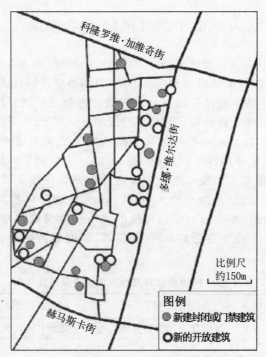

图 4-5 维尔达区工人阶级社区内填式
开发的新建筑（1990—2004 年）

投资,使转型期城市空间被赋予了新的含义。类似西方资本主义城市的设施,如咖啡店、电影中心和商业购物中心相继出现,城市中的年轻人也开始了西方化的新生活方式。新的娱乐中心、金融中心和会议中心,提供了特殊富裕群体的消费场所;同时也在城市景观上带来了现代化和注重审美效果的新建筑形式。然而,这种商业主导的投资也引发了负面作用,公共空间逐渐将没有消费能力的群体排除在外,社区邻里自身的增长也被忽视了。虽然大量的投资集中在这个传统的新老城区过渡带,但新出现的岛状新社区不仅没有带动城市整体绅士化,反而使城市空间变得隔离和碎裂化(Fragmentation)。

传统的工人阶级社区在商业取向的投资和再开发过程中,成为城市中被遗弃的角落。在细部尺度上贫富分化变得更大,在同一条街道上,就可以同时出现"体面和现代化的"以及"贫困而被忽视的"两种不同的景观——社会治安也更加堪忧了(Kotus,2006)。并且,新出现的碎裂化趋势使得贫富矛盾也日益突出,社会矛盾的激化带来了政局的动荡。

4.2 西方欧美城市中的社区演变与再生

在东欧、中东欧城市社区经历激荡转变的同时,西方大城市中的社区经历了宏观经济大萧条时期和经济动荡期后,重新找到社区发展的动力。这些"大城市中的小社区",通过社区规划促进物质空间环境和社区社会环境的转变,从而营造健康、活力、可持续的社区形态。

二战以来,西方城市的社区规划模式经历了从大规模改造、渐进式更新到社会文化导向再生的过程(表4-2)。上世纪中叶伴随西方城市战后重建,规模宏大的城市建设和改造计划开始在欧美城市推行,其中重要的任务就是进行"推土机式(Bull-Dozer)"的整体清理。伴随着这种大规模的改造,很多西方城市传统的城市形态受到破坏,包括一些沿袭自中世纪富于地方特色的街道、邻里等,同时社区网络也被破坏殆尽(Jacobs,1961)。

表4-2 1950年代以来西方内城更新模式转变

年代	建设模式	主要目标	社区形态的主要改变
1950	城市重建	改善住房和生活条件	大规模推土机式的改造
1960	城市再开发	整体治疗	综合置换,关注社区环境以及社区设施的配套建设
1970	城市更新	解决内城衰退问题	地方、微观尺度的邻里环境改善,创造社区良好的物质空间环境
1980	城市复兴	解决城市贫困、失业和经济不景气等社会问题	注重商业氛围的街区,强调用地功能的混合,为社区提供更多经济发展机会等
1990	城市再生	健康、活力、可持续发展	强调营造良好的社会人文环境,防止郊区社区蔓延,注重地方文脉的保护

到1970年代和1980年代,"美国梦"理想下的郊区田园生活吸引着大量中产阶级迁出内城而在郊区的单一家庭住房(Single Family House)定居,城市中心的住房和基础设施开始衰败,很多原有社区面临着年久失修的窘境。同时,新涌入城市中心的移民潮,也带来了种族隔离、贫困集中、失业、犯罪等新的问题。为了应对这些新的城市问题,西方城市普遍开始了关注物质空间形态的城市更新,以改善居住条件和创造新的就业机会。

而在1990年代随着文化转向(Cultural Turn)在城市规划领域的渗

透,社区资本的维护、地方文脉的延续和历史遗产的保护,成为提升社区活力的重要途径。随着新城市主义运动的兴起,90年代以来采取适当的社区规划来防止郊区蔓延也格外受到重视。此外,这种文化导向的再生途径,除了关注物质空间方面,更加强调在社区形态中创造良好的社会人文环境。在欧洲、澳大利亚和美国等西方城市中,文化途径的城市再生都提供了极为成功的经验。

4.2.1 纽约市曼哈顿下城东区的重振

纽约市是全球最繁华的世界城市之一,是即使在午夜时分也热闹非常的不夜城(A city never sleeps)。其中,面积仅 57.91 km^2 的曼哈顿岛更集聚了重要的全球知名的商业、金融机构。曼哈顿是典型采取方格网道路系统规划的地方,按照狭长的形状,又可以分为上城区、中城区和下城区。其中,下城东区(Lower East Side, Manhattan, NYC)包括临近华尔街等商务金融机构集中的地区,也成为游客经常到访之处。

纽约市曼哈顿区的富尔顿街(Fulton Street)位于下城区东岸,主要以办公、居住和商业等混合土地利用类型为主,占地大约横跨三个街区。富尔顿街具有良好的区位,它接临百老汇(Broadway)并且临近华尔街商务区,具有下城区的典型城市景观。这条街曾被形容为"充满了小商小贩、低廉的旅游纪念品、铁构架和19世纪末期建筑"的地区。然而"9·11"事件之后,很多大公司将办公场所迁出曼哈顿岛,导致富尔顿街的小规模商服业也受到很大的打击。很多受损建筑不仅没有彻底修复而呈现出破败景象,而且也吸引了不良少年来涂鸦,加速了街区的衰败(Garvin,2003)。

为了解决下城区的衰败问题,纽约市政府部门制定了多层次、多元合作的公共策略来促进该区域的重振。首先,在2001年11月成立了曼哈顿下城区发展公司(Lower Manhattan Development Corporation, LMDC),来制定规划并协调该区整体的重振工作。这个公司同样负责世贸中心被袭击后的恢复,保证尽快使曼哈顿下城区重新成为具有24小时活力的社区。在2002年12月,纽约市长布隆伯格提出了"曼哈顿下城区发展远景",旨在建造更多新的社区,创造更多的公共空间,包括宜人的广场、绿地和水岸等,使整个下城区成为具有吸引力的世界金融中心(图4-6)。具体来看,富尔顿街的重振是从建筑立面整饬开始的,因为"9·11"使得附近很多街区建筑都蒙上了黑色尘埃,影响了城市面貌。与此同时,也更换使用一个半世纪的供水管道,更新了人行道铺砌和标志,并且尝试创造小的绿色空间(Lower Manhattan Development Corporation,2010)。

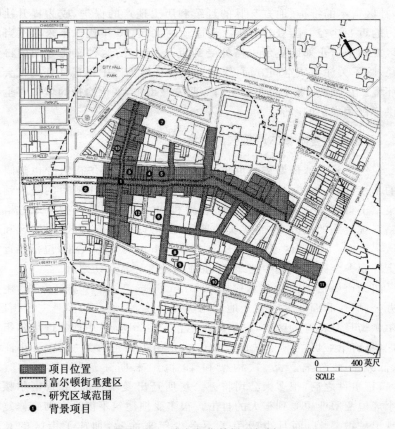

图 4-6 富尔顿街的振兴规划

到目前为止，虽然富尔顿街还没有恢复到"9·11"之前的繁华，然而街道景观品质和基础设施已经有了很大提升。通过整饬和业态替换，更多新鲜、有吸引力的商业进驻，改变了这一地区"充满廉价商品小商贩"的印象，而成为纽约年轻群体愿意到访的地方。从这一点来看，富尔顿街的经济重振达到了最初提出的提高市民、上班族和游客生活品质的目标，也确实创造了宜人的街头公共空间。然而与 2001 年前比，不仅是在富尔顿街，整个曼哈顿岛的经济下滑趋势似乎难以彻底扭转，一些大公司如百事、IBM 纷纷迁到周围环境更好、政策更优惠的新泽西州、纽约州或康州的远郊，使下城区的税收水平下降。

这个案例说明了，在内城社区重振的复兴实践中，如果仅仅从物质空间改善入手，进行建筑整饬和基础设施更新，而忽视了社区中的社会经济问题，从长期来看不能从根本上解决内城社区的衰退问题。

4.2.2 洛丽的内城低收入社区再生

洛丽市(Raleigh,NC)是美国北卡罗莱纳州首府城市,从1972年城市开始正式筹建不过二百多年的历史。在洛丽大都市圈(Raleigh-Cary MSA)范围内,共有112.5万人口(2009年1月数据);其中心城区人口约40万,是美国人口增长最快的城市之一[①]。洛丽的城市形态基本沿袭了1972年"威廉圣诞规划(William Christmas Plan)"中的方格网结构——这是一位名叫威廉的工程师利用圣诞假期做出的规划。与多数美国城市不同,洛丽一开始就被按照州首府的规制来建设,因此它的方格网按照一英里的间距严格划分,具有轴线对称的路网;州议会(state capitol)位于城市正中心,并且四个对角线方位上有四个方圆一英里的公园。"威廉"模型最初尝试用东、西、南、北四条街道作为边界,但到19世纪末,城市很快就发展到这个边界之外了。

在洛丽城中,位于城市中心轴线的菲特维尔街区(Fayetteville Street)具有非同寻常的重要地位。这条"主街"的端点是州议会所在,另一端是新建的会议中心,街两侧坐落着大型购物中心、图书馆、档案馆、博物馆和城市重要的政府机构,附近还有大量商业设施。然而,这条主街在20世纪80年代却随着经济不景气而面临着前所未有的衰败,随之伴随大量租户撤离和治安急剧下降。到了夜晚,内城区甚至沦为问题青少年和吸大麻者集中的"鬼城"(图4-7)。

导致衰败的原因是多样的:一些大公司特别是生物、医疗、计算机等企业迁移到郊区环境较好的三角区工业园(Research Triangle Park)使得很多商业房产空置,原先位于主街的大型商场迁往西北螃蟹谷(Crabtree Valley)导致城市中心吸引力不足,并且城市中心南部公共住房区由于维护资金不到位逐渐沦为贫民窟而引发了附近犯罪案件的上升。虽然从1987年开始,洛丽市就不断进行内城再开发规划来促使这个街区复兴,建设了很多办公楼并把"主街"作为商业步行街来开发,但这些新建的办公楼仍然空置,"主街"改为步行街之后不仅没有提升人气,周边的交通反而更加拥挤了(*City of Raleigh*,2009)。

为了应对内城的衰退和治安下降,洛丽市在2002年推行了《宜居街区规划(Livable Street Plan)》来促进这个社区的再生(图4-8)。这个规划旨在帮助城市中心社区现有的居民和商业活动,建立社区—大学—交

[①] *2008 Population Estimates*. United States Census Bureau, Population Division. July 1, 2008. http://www.census.gov/popest/cities/tables/SUB-EST2008-01.csv. Retrieved July 2,2009.

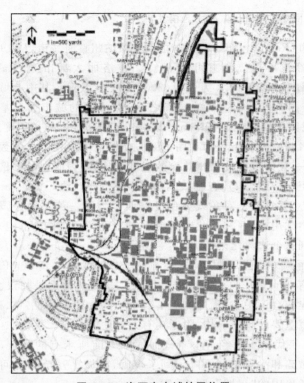

图 4-7 洛丽市内城社区位置

通之间的有机联系，维护关键的基础设施，并且重新审视和评价过去的再开发活动。这个规划将社区整体来考虑，除了关注主街和主要的商业设施，将特别关注社区中的低收入邻里以及交通枢纽，使再生规划与公共住房更新计划、交通改善计划配合进行。规划的具体措施包括五个策略：(1) 推动菲特维尔街的复兴。通过营造宜人而有趣味的街道环境，提升作为洛丽中心的"主街"的吸引力。(2) 提供基金支持来建设新的会议中心和旅馆，来吸引来自外州和海外的商贸洽谈和旅游者。(3) 改善步行环境。增加主街两侧的绿化、休息座椅，增加两侧的吸引物如博物馆、画廊、主题餐厅灯；同时夜间照明，强化街道监视来改善安全性。(4) 进行规范调整，为了提升商业活力而调整以往不合时宜的分区规划条例。(5) 扩展城市中心城市管理和整体营销。

到目前为止，洛丽的内城社区再生总体上被认为是成功的案例。社区再生规划通过关注以往最容易忽视的交通车站、低收入住房区等被城市遗忘的角落，不仅使社区更具吸引力，也提升了整个城市的商业活力。在 2007 年的福特斯榜中，洛丽被认为是美国最适宜展开工作和进行创业

4 城市社区再生的国际经验 | 55

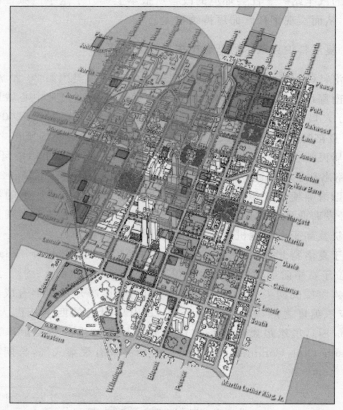

图 4-8 洛丽内城社区再生规划

的城市。社区再生过程不仅关注"主街"本身,也关注主街稍后的塞利博瑞街(Salisbury St.),并鼓励其加入了美国"国家历史遗迹(National Register of Historic Place)"保护之列,维护具有美国南方特质的小镇景观。而曾经成为社区案件高发地带的州际交通枢纽,成为了游客服务中心、餐饮和便利店、停车服务、绿地相结合的多功能城市门户(图4-8)。而低收入住宅区,结合联邦住房与城市发展部(HUD)的"六个希望(HOPE VI)"工程,也成功地为无家可归群体提供了可支付性住房,并同时为其提供就业咨询、食物券发放等负责低收入群体事务的社区中心。然而虽然有这些进步,由于从2008年开始经济不景气,洛丽中心社区的商业活力仍恢复得十分缓慢,办公和商业建筑仍有一定的空置。

洛丽内城社区再生案例的成功之处在于,它不仅将内城社区作为"商业区"考虑来进行物质空间改善和招商引资,更重要的是,它同时关注生活在社区中的居民——关注那些低收入住宅、糟糕的后街(back street)

和嘈杂的汽车站——社会环境的改善从根本上提升了这个内城社区的生活品质,从而实现了社区的可持续再生。

4.2.3 夏洛特伯克戴尔村新城市主义社区的再生

夏洛特(Charlotte,NC)是北卡州最大的城市和美国第 20 大城市,是美国东南部地区最重要的金融、贸易和交通运输中心。其中心城区大约有 70 万人口,而整个大都市区范围内的人口约 152 万人(2005 年数据)①。夏洛特作为美国第二大金融中心和经济增长最快的城市之一,开发商对居民消费能力的增长有着乐观的预期,因此近年来沿着环城 I—485 公路出现了很多商业和混合型商业地产开发的项目。然而,2008 年全球金融海啸使这个以银行金融业为支柱的城市受到了严重的经济冲击,新开发商业地产项目也面临着严峻的考验——有些甚至出现了需要偿还的贷款高于金融危机过后的市场价值评估的现象。

位于夏洛特北郊 77 州际公路 25 出口处的伯克戴尔村(Birkdale Village),位于富裕阶层集中的诺曼湖(Lake Norman)区(图 4-9)。虽然有着高收入阶层的购买力支持,附近零星的商业地产开发却罕有成功。例如,仅仅三英里之隔,在 77 州际公路 28 出口附近的西卡托巴大街(W Catawba St),虽然距离夏洛特市住房品质最高的半岛游艇俱乐部社区(Peninsula Club Community)更接近,但始终没有聚集人气,长期以来空

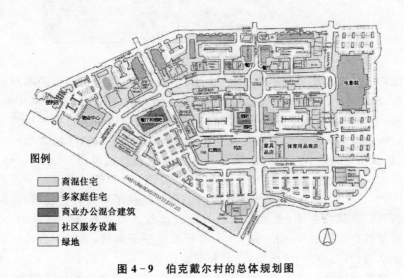

图 4-9 伯克戴尔村的总体规划图

---

① 来源:http://en.wikipedia.org/wiki/Charlotte_North_Carolina。

置或是勉强维持经营。伯克戴尔村(Birkdale Village)吸取了已有商业地产开发的经验,采取新城市主义社区的较高密度、混合用地开发模式,使居民可以体验欧洲小镇式的生活方式。

伯克戴尔村总占地 52 英亩(约 21 hm^2),包括 340 套多家庭住宅,集居住、零售和商业等功能为一体。在总体规划和设计上,这个社区设计体现出很多新城市主义特征:(1) 采取了混合开发的用地形态,其中零售面积高达 422 000 m^2,多采取一层底商的形式,二到四层则是多家庭公寓住房。这样的设计使伯克戴尔村即使在夜晚和周末也充满了商业的活力。(2) 有区域性公共交通站点与区域交通相衔接,尽量减少小汽车的使用机会。而在社区内部采取步行绿道系统相连接,鼓励人们积极进行户外活动。(3) 吸引了大量品牌店进驻,如有影响力的餐馆、咖啡厅、健身中心、电影院等,这些社区购物设施不仅使本社区中的居民享受到日常生活的便利,也吸引了周边的社区居民来消费,提升了伯克戴尔村的地方品牌。(4) 采取欧洲小镇式的设计风格,设计有露天的社区活动中心。并通过季节性的社区活动组织,来提升社区文化氛围和凝聚力,如夏季露天音乐会、春季复活节捡彩蛋的儿童活动,等等。

到 2010 年为止,伯克戴尔村总体上可以看做是一个成功的新城市主义案例。很多新都市白领阶层都喜欢住在这个社区,因为他们喜欢"在阳台上一边喝咖啡,一边看下面的街景"这样有活力的新郊区生活。此外,多功能的社区设施也给他们的生活增加了便利,特别是电影院和书店,可以让孩子们在大人购物的同时找到自己的乐趣。在这个社区内更是囊括了美国年轻群体喜欢的几乎全部时尚品牌,如美国鹰、香蕉共和国、安·泰勒、美体小铺、维多利亚秘密、星巴克咖啡等,就像把一个郊区购物中心搬到了更加有趣的室外空间中。然而,即便是在作为成功案例的伯克戴尔村,笔者在访谈中也发现了居民对这种新城市主义社区形态的抱怨:狭窄的街道确实很考验驾车技术;距离过于接近的住房是否能促进邻里交流尚存疑问,然而妨碍隐私却是不争事实;另外社区中仅有的有机食品超市(Whole Food)也超出了普通居民的购买能力,大量购物仍需驾车去附近的杂货店。

伯克戴尔村的案例,体现了在城市社区形态中,新城市主义社区相对于传统的郊区化社区的优势。虽然 20 世纪 60 年代以来中产阶级家庭追求郊区的良好环境成为普遍趋势,然而伯克戴尔村的成功说明了,仅仅有良好的物质环境是不足以形成有吸引力的社区的,还需要有良好的社会环境和致密的社区交往。

4.3 国外社区形态演变与再生案例的小结

在中东欧转型的过程中,城市中的社区也开始进行重构。以上几个案例体现了典型的中东欧城市社区的转变:城市中心内城区绅士化,新兴的第三产业带动内城复兴,旧的工人阶级住房衰退,传统工业区更新。很多学者在中东欧城市转型的研究中,也指出了相似的趋势(Fassmann and Lichtenberger,1995; Harloe,1996; Szelényi,1996; Sailer-Fliege,1999; Ma and Wu,2005)。

中东欧三个城市中社区再生的案例,是与中东欧城市在转型期社会、经济制度背景剧变的影响密不可分的:首先,城市土地和房地产市场形成,住房也重新被作为商品而具有价值。其次,全球化趋势影响下,外资不断注入,也加剧了去工业化和第三产业部门崛起的过程。再次,在城市规划的权力方面,虽然市规划的责任已经转移到了地方政府层次,但由于预算的限制政府掌握的预算还是极为有限的。最后,在城市建设投资方面,私人部门越来越多的参与,特别是在住房部门(Sailer-Fliege,1999)。

虽然从 20 世纪 90 年代开始,中东欧城市开始编制各种尺度规划来促进市场原则下城市形态向可持续、健康的方向转变,然而,这些规划也有着数不清的失败案例。例如,一些规划简单而消极地对市场原则的缺失做出反应(比如在区位偏僻的地方建造商业),一些反映了规划者对他们干涉潜在影响的忽视(比如增加了车道,却使得交通更加拥挤),一些在政治压力下做出错误的再开发(比如将有历史价值的社区开发成为开敞空间),还有一些规划本身缺乏资金支持。因此,这些中东欧城市社区再生案例的经验和教训,同样值得总结并有选择地借鉴到中国转型期的社区形态演变研究以及社区再生规划中。

莫斯科奥斯托任卡的案例,说明了在历史保护名义下的绅士化过程中,虽然物质环境改善也体现了欧洲化的趋势,然而却过分寻求再开发利益,忽视了社区本身的价值,居民也没有从中受益。在布拉格瓦茨拉斯的案例中,伴随着区位优势在转型期凸显大量外资注入,在旧城社区内进行了以旅游和商务为主导的经济开发,而这些热钱不断推高房租而将整个城市推向经济危机的边缘,当全球经济不景气外资撤走时社区本身和地方居民是最直接的受害者。波兹南维尔达工业区的案例,为了保证局部的商业利益,增添了大量现代化商业设施并出现了门禁社区,但是这种新兴区域却将没有消费能力的群体排除在外,不仅没有带动城市整体的发展,反而使城市空间变得隔离和碎裂化(fragmentation)。这些中东欧国家城市形态演变的案例说明,物质空间改善虽然在短期可以使社区得到提升,但是社区社会环境的不和谐终会在长期成为影响社区根本利益和发展的隐患。

总结西方欧美城市再生的国际经验来看,在西方欧美城市的生产方式从福特制向弹性专精转变的过程中,城市中的社区也经历着转型。传统工业衰退和制造业外迁,以及近年来的全球经济海啸,使这些西方欧美城市中的传统工业社区、商业社区和居住社区的城市形态也发生演变。以上几个案例体现了典型的欧美国家城市社区转型的历程:城市中心商业区的重振,制造业和工人阶级社区的高科技创意再生,区域性衰落的内城区更新,传统老工业社区的文化再生,新城市主义社区带动的近郊社区复兴。目前,欧美城市规划领域已经将"内城社区再生"列为重要的分支之一,并且已经积累了很多重要的复兴理论和实践经验(Grogan and Proscio,2000)。

与此同时,在西方资本主义制度下,社区再生的再开发过程使城市中的社区本身成为"增长机器",这与近年来西方欧美城市整体的演变趋势相关:首先,战后开始的郊区化和机动车普及,使得城市中的中产阶级以上家庭纷纷迁居到环境较好的远郊地带,导致了城市中心区和近郊税收的减少,难以负担对建成环境的维护,于是使这些地区出现了衰败的迹象。其次,全球和区域的经济状况对地方社区也产生了影响,传统工业和制造业已经逐渐转移到其他区域和国家,要增加税收就要为社区找到新的经济增长点。最后,在西方欧美城市社区再生的案例中,生活品质和健康的生活方式越来越被强调,社区形态应能促进社区的社会交往和户外活动。

值得注意的是,西方欧美国家的城市社区再生案例也提供了一些启示和教训:仅仅用物质空间方法来解决城市问题是有局限的。它可以让社区看上去漂亮,却并没有彻底扭转导致城市衰退的本质。因此,在关注社区形态的社区再生中,不应仅仅采取物质空间改善的规划手段,而应对地方关系和社会网络给予特别的关注。然而,尤其在中东欧国家转型期的案例中,通常政府和开发商首先会过于强调物质空间改善——这些实践被证明是失败的,从中可以得出的教训是,在社区再生实践中,除了物质空间改善,还必须将社区社会环境的和谐和社区居民生活品质的提升纳入规划实践的考虑中。

5 转型期传统街坊社区的形态演变

本章将采取比较的方法,以个案研究来反映传统街坊社区的形态演变。在北京选择同一个街道在不同时期采取不同规划策略更新的三个社区作为研究案例,在控制地域差异的特征下通过对比代表三个不同时期的这三个社区的形态,可以分析得出传统街坊社区在转型期中的形态演变脉络。

首先,对城市社区形态的定量测度十分重要。本章将结合中国城市社区特征,从社区物质环境、社区社会环境以及社区居民活动和满意度等三个维度来测度社区形态。明确了对社区形态的测度,才能考察随时间改变的社区形态变化。

以北京为例,内城区传统的"胡同—四合院"社区形态形成于元大都时期,历经元明清三个朝代。四合院不仅出现在北京,在中国北方地区普遍存在,只是形式稍有差异:"民宅以胡同分长条形的居住地段,一般成为三进的四合院相并联的布局(王恩涌,2000)。"在这种传统的四合院社区中,传统的邻里关系十分密切,不仅相互监视安全,也进行各种形式的邻里互助。在新中国成立初期,虽然也试图采取新的规划措施建设"生产性城市",然而由于资金缺乏,真正大规模更新导致的内城传统社区形态并没有开始。更普遍的方法是,将原先私有的四合院收归国有,一部分转为公共财产(公房),由各街道房管部门分配给新住户;另外一部分转为各种单位的集体所有财产(单位财产),由单位房管部门分配给职工。

这种传统街坊社区的形态,直到市场经济改革之后才发生了本质性的改变。以北京为例,1976年唐山大地震前后为了抗震需求,在传统四合院中的庭院搭建了很多非正式的临时住房;适逢"文革"结束后,"上山下乡"的一代陆续从乡村回到城市中,这就形成了新的住房需求。在这种压力下,临时建设在传统的四合院中的非正式住房被长期地固定下来——四合院的传统格局也被改变,从单一家庭四合院转变成为大杂院。

在20世纪80年代到90年代初期,内城更新是与危旧房改造项目相结合的,集中在局部地段(Leaf,1995)。以北京为例,起初危旧房改造项目是为了改善居民的住房条件,防止旧房倒塌而损害居民人身和财产安全。然而到了90年代中期,随着内城区位价值的显现,地方政府逐渐意识到内城更新的潜在收益而将其作为促进城市发展的增长机器(Logan and Molotch,1987)。这就促使了传统社区形态的另外一次改变,只从单一家庭四合院到大杂院的变化已经不能满足对更新项目收益的预期,而需要通过类似美国战后"推土车(bull-dozer)"式的改造方式,大部分转换成为公寓式集合住宅楼。

本章将应用城市社区形态的测度方法,从社区物质环境形态、社区社会环境形态、社区居民活动与感知形态等方面来对代表不同时期的城市形态进行对比。

5.1 城市社区形态的测度

一般认为,对城市形态的衡量,掀起了美国规划领域的第二次浪潮(Jens,Burton,et al.,1996)。如上文所述,目前西方最新的城市形态研究呈现出多维度、多尺度的新的发展趋势,然而相对而言,中国社区形态的测量方法却仍不多见。

西方对于城市形态的系统研究,起源于凯文·林奇的著作《城市形态》,他认为城市形态是人们通过路径、边界、面域、节点和地标等五个要素的日常生活感知,获得对城市构型的整体印象。在美国到20世纪80年代中期,随着对城市蔓延问题的关注,新城市主义和精明增长理念的兴起以及GIS技术的不断进步,城市形态重新成为关注热点。新城市主义运动强调通过创造规划良好的社区形态,可以改变城市用地蔓延式的增长方式,并达成社会构成多样化并且促进邻里之间社会交往的目的。90年代起开始转向用生活品质作为度量城市形态的指标,认为良好的城市形态可以促进生活品质的提高。

本章将从社区物质环境、社区社会环境以及社区居民活动和满意度等三个维度,来对社区形态进行度量(表5-1)。

表5-1 城市社区形态的测度维度和指标

维度	指标
社区物质环境形态	土地利用强度 用地混合度 围合度和连接性
社区社会环境形态	社区服务设施 社区公共空间 社会多样性
社区居民活动和满意度	日常活动 邻里交往 邻里满意度

5.1.1 社区物质环境形态

社区物质环境形态曾是中国计划经济时代的居住区规划关注的主要话题,它与社区建成环境联系最为紧密,也是规划师和设计师可以直接作用的层面。一些表明社区物质空间形态规划指标,都可以通过恰当的规划工具加以控制,尤其对于新社区来说很多指标是中国城市法定规划的修建性详细规划要求的。然而,要对已经建成的老社区进行测度,就要找到从遥感图中可以直接获取或者容易通过简单计算而得的指标。因而,社区物质环境形态可以用土地利用强度、用地混合度以及社区围合度和连接性等三方面指标来衡量。

(1) 土地利用强度

土地利用强度是衡量用地效率的指标,它反映了社区土地利用的模式——集约式发展或是粗放式蔓延。社区尺度的用地效率,对整个城市形态和发展模式都起到至为关键的作用,同时也关系到城市的经济效率。在西方城市中,社区的土地利用强度大多都随着与城市中心距离的增加而降低(Bertaud and Renaud,1997),然而包括中国在内的社会主义国家却不是这样的。中国城市社区中的土地利用强度不仅与社区在城市中的区位有关,受到各个层面法定规划的控制,还与特殊的规划场景以及历史遗留因素有关。

土地利用强度的变量,可以用建筑密度和高度、人口密度及每户家庭的居住面积等三个指标来反映。建筑密度是指建筑基底面积与场地面积的百分比,它反映了社区中建筑覆盖的比率。这个比率与建筑高度结合,就可以反映出社区大致的物质空间面貌,如单层、低层(1~3层)、多层(4~6层)、中高层(7~9层)、高层(10层以上)。

另外一种度量就是人口的密度,采取这一指标,城市蔓延的问题最初可以归结为人口密度的衰减而非建筑密度的衰减。人口密度是指每公顷人口或者家庭数量,它反映了社区居住的密度。除了整个地块的人口密度,每个居住单元中平均的家庭户数也作为辅助的考量,比如每个院落中居住户数,或各单元楼中居住的户数。

每户居住面积,也成为度量土地利用强度的测度指标之一。在美国等西方城市,通常采取每个家庭住宅基地的中位数或者单一家庭的建筑面积来衡量,这个面积越小,说明土地利用强度越高。然而,在中国独立的单一家庭住宅(single family house)并不多见,并且土地为国家公有,因而采取每户家庭居住面积来衡量更为恰当。

(2) 用地混合度

用地混合度是衡量不同功能类型用地在社区中构成和组合的指标,它也反映了不同类型用地布局的协调性。社区尺度的用地混合度,也关系到特定功能用地的接近性以及一定区域内用地的多样化程度。美国新城市主义运动,反对截然的功能分区(zoning)而提倡一定范围内的用地混合;这样的好处是不仅减少了在不同功能用地之间往来的小汽车使用,也将提升社区在各个时间段,特别是夜晚的活力。

然而值得注意的是,对于城市社区来说,用地混合度并不是越高越好。一些与居住功能不兼容的用地类型,例如污染严重的工业用地、仓储用地和交通用地会降低社区的宜居性。此外,即使是与居住功能兼容的用地类型,如商业、教育、文化等,如果比例过高也会对社区居民中的日常生活形成负面的影响。

用地混合度可以用用地类别和比例、用地斑块数量等来衡量。用地类型可以利用卫星影像数据,根据不同波段提取的信息,按照城市用地分类标准而分别列出,并计算每种用地在社区中的比例。这种列表可以反映城市用地类别的特征,然而却不能表明这些类别的用地是大块聚集还是小块散布的。因而,可以采用用地斑块的数量加以辅助,来表明社区中的商业用地,是集中分布在一个社区中心,还是分为几个商业斑块散布在社区不同的地方;社区中的绿地相互之间是连接或是隔离。景观生态学中倡导"聚集有离析"的用地斑块构成,据此,也可以将各种类别的用地比例与用地斑块数量结合起来,以不同类型斑块的面积作为权重而考察用地混合的程度。

(3) 围合度和连接性

围合度和连接性都是衡量社区交通网络构型的指标,它们反映了社区内部的道路体系特征以及与社区外部道路的空间联系。社区尺度的围合度和连接性,也关系到区域交通组织和交通效率。在西方,对于单一家庭住宅组成的社区来说,具有良好内部连接性,但是较差外部连接性的社区住房价格更高;尤其是尽端路的社区住房价格更高一些。在美国波特兰的发现表明,在战后建设的社区中,社区内部的连接性随着时间而上升,住房外部的连接性却随着时间推移而下降。

围合度表明社区与城市外部空间的连接程度。一般来说,在方格网道路网的社区中,可以用社区出入口的数量与社区边界长度之比衡量;而在不规则道路网的社区中,也可以直接考察社区出入口的间距。通常认为,较高的社区围合度可以提升社区的私密性,然而围合度过高也容易使社区与城市隔离,影响区域交通的通畅甚至形成"门禁社区"。

连接性表明社区内部道路的网络构型(Network Configuration),这在社区尺度也是非常重要的话题。借鉴交通工程中的理论与实践,可以发现很多衡量网络构型的方法。比如最直接和简单的,就是用交叉口平均距离或者交叉口与尽端路之比来衡量;或者直接衡量道路内部支路的长度。此外,借鉴图论中的一些指标,可以用 α 指数、β 指数和 γ 指数来衡量。其中,α 指数是指网络中实际回路数与网络内可能存在的最大回路数之间的比率;β 指数是指网络内每一个节点的平均连线数目;γ 指数是网络内连线的实际数目与网络内可能存在最大连线数目之间的比率。

5.1.2 社区社会环境形态

社区社会环境形态,是随着20世纪80年代美国城市规划中的社会文化思潮而逐渐在社区研究和社区规划中受到关注的话题。在战后郊区化的浪潮过后,一些学者逐渐注意到典型郊区化社区中邻里关系淡漠的现象,并将其作为现代城市弊病之一。规划者和设计者意识到,通过社区规划可以创造良好的社区物质环境,然而这却不能弥补与传统社区相比邻里氛围的淡漠。直到80年代,西方的社区规划开始采取结合社会学视角,关注社区中的社会多样性、空间和设施利用的公平性、社区资本、地方文化传统等问题。本书采取社区服务设施、社区公共空间以及社会多样性等三方面指标来衡量社区的社会环境形态。

(1) 社区服务设施

社区服务设施,不仅包括狭义的物质活动设施,也包括广义上社区中的各种吸引物以及社会文化活动设施等。社区服务设施反映了社区生活的便捷程度,同时也与社区居民生活质量高度相关。在西方社区中,社区服务设施通常包括便利店、干洗店、药店等商业设施,网球场、健身房、游泳池等体育设施,以及社区俱乐部等文化设施。在中国城市社区中,体育锻炼设施可能相对较少,但社区还通常包括居委会(家委会)、治安巡逻点等管理设施,以及社区文化活动站等文娱设施。

反映社区服务设施的变量,包括各种类型设施的齐备程度及其接近性。其中,反映社区设施齐备程度的变量,包括在社区内部,是否配置有日常商业、金融邮政、文化娱乐、体育锻炼、教育以及行政管理类的服务设施。其中日常商业设施,是指为居民提供日常生活必需品的小型便利店或者杂货铺等。通常来说,成熟的旧社区会比新开发社区设施齐备程度更好。在计划经济体制下的居住区规划中,通常会按照千人指标来进行社区服务设施的配置,然而这些设施在新的市场经济条件下,很多已经不能满足居民新的消费需求。

社区服务设施的接近性也是社区层面的关键因素,可以用各种设施与社区几何中心的距离之和或加权距离之和,或者社区中的住房步行可达范围内的设施数量来衡量(300~500 m)。在任何的尺度上,社区服务设施的区位都十分重要,这直接决定了社区居民日常生活各种活动的便捷程度。并且,这些设施的区位,也直接影响了居民日常行为的模式以及邻里见面的机会。

(2) 社区公共空间

社区公共空间是衡量社区开放性的重要指标,它反映了社区是否为邻里交流活动提供了足够的场所。同时，社区公共空间是否可以被其他社区居民利用，也可以用来反映社区的开放程度。在西方社区中，社区中心附近通常会配置公共空间，为儿童游戏、老年人户外交谈和其他年龄层的户外活动提供场所。但是在一些高收入阶层社区，尤其是"门禁社区"中，这些公共空间通常具有俱乐部产品的性质，通过会员设置等方式将社区以外的居民排除在外，因此并不具备服务城市其他社区的功能。而在中国，在近现代之前形成的传统街坊社区缺乏公共开敞空间，线状的胡同和街道不仅具有交通功能，也同时扮演着公共交往空间的角色。

衡量社区公共空间，可以用公共空间的用地比例，以及其中社区级绿色空间比例来测度。公共空间的用地比例可以用社区中社区外部居民也可以进入的公共空间面积与社区总面积的比例来衡量。这个比例越高，说明该社区的开放性越好；如果这个比例为零，则属于门禁社区。

在公共空间中，绿色开敞空间是最适宜进行社区邻里交流和促进户外健康活动的，因而社区中绿色空间比例也可以用来作为测度之一。绿色空间比例，即社区中可进入的绿地面积与社区总面积之比，这个比例越高，则社区提供了更多的绿色空间。然而，这个指标只适于分析同一社区在不同年代的变化，而不宜在各种社区之间进行比较，因为各种不同类型的社区绿化形式是不同的。例如，在中国传统街坊社区中，虽然院落作为半公共活动场所，一般有着很好的荫蔽，然而这些空间却不算在绿色空间的范围之内。

(3) 社会多样性

社会多样性，是与城市居住空间分异(Residential Differentiation)和种族隔离(Segregation)相对的。社会多样性不仅关系到社会的宽容与和谐，也会使资源更加均衡地分配，使社区中的居民获得平等的发展机会。然而，在大部分西方城市中，社区尺度的贫困集中趋势非常明显。尤其在内城社区，随着中产阶级逃离城市中心区，税收开始降低而难以支持公立学校，对下一代青少年也很难产生积极的示范作用。而在中国城市中，种族问题并不突出，社区尺度的社会空间分异也尚不普遍。

在中国，社会多样性的考量，主要可以分为收入和家庭类型等两个方面。其中，家庭收入的测度，可以通过社区中各家庭总体收入和个人月收入的中位数以及各种收入水平的比例来衡量。在国外的社区居民收入分布研究中，也会采取辛普森指数(Simpson Index)来衡量社区中收入的多元化程度。辛普森指数是指"衡量两个随机从样本之中选择出来的个体，属于同一个种类的可能性"(Talen, 2006)。然而，在中国社区中并没有关于居民收入的统计数据，只能通过抽样调查来获得，因而考察各种收入水平在社区中所占的比例更加合适。

除了社区中收入的多样性,各种类型家庭的多样性也十分重要。各种类型家庭的混合,可以促进各个年龄群体之间的交流,提高社区的包容性和容纳能力,避免使社区成为单一的老龄社区、核心家庭社区或丁克家庭社区。相似的,可以通过社区中家庭成员的平均数量和各种类型家庭的比例来衡量社区家庭构成的多样性。

5.1.3 社区居民活动与感知形态

在社区形态的研究中,社区居民活动与感知形态是最近二三十年中,在西方规划领域随着新城市主义思潮和人本回归趋势逐渐受到重视的话题。在竭尽所能创造良好的社区物质和社会环境的同时,应更重视规划者营造社区的根本出发点——为居民营造更加健康的生活品质。因而,居民对社区的反馈,也是城市社区形态构成的重要环节之一。它是生活在社区中的居民个体,以客观行动或者主观感知的方式对社区物质环境和社会环境的反映。社区居民的活动与感知形态,可以从三个方面进行考量:居民的日常活动、邻里交往以及邻里满意度。其中,居民的日常活动和邻里交往等是以"用脚投票"的方式反映居民对于社区的隐性反馈,而居民感知是以直接主观评价方式对社区进行显性反馈。这些是社区规划无法直接干预的,然而,通过创造良好的社区物质环境形态和社区社会环境形态,却可以间接地改变居民的行为和感知。

(1) 日常活动

社区中的居民日常活动等行为特征,也是反映社区形态的重要方面。最近西方的研究开始关注社区土地利用模式和居民行为之间的关系(Clifton and Livi, 2004),并找到一系列方法来测度这些物质支持行为(Physical Support Activities)。不同于社会邻里交往,物质性支持行为是指满足居民日常生活实际需求的通勤、购物、锻炼身体等活动,这些活动通常在家以外的场所进行。

居民的日常活动,通常与社区内部空间的品质相关,例如交通安全、人身安全、是否提供了足够的吸引物,等等。对日常活动总体特征的测度,可以采取居民每日除了自家以外的活动范围和每日外出次数。例如,可以直接询问居民平时活动空间是自家室内、家庭所在的院落内、院落之外的邻里公共空间还是更远的地方。相似的,也可以通过询问每日外出次数,反映居民物质性活动的频度。

除了总体特征,也可以分别考察通勤、购物、锻炼身体等活动的特征。首先,通勤活动的特征可以用交通模式选择、单程距离、单程路上时间来描述。其次,购物活动特征,可以用每周购物次数、购物设施的距离、到购物设施的时间以及每次购物花费来衡量。再次,身体锻炼特征可以通过每周锻炼次数、到锻炼设施的距离、每次锻炼的时间以及有无陪伴来描述。

(2) 邻里交往

作为非物质支持活动，邻里交往反映了居民的社会性活动和邻里关系。致密的邻里交往，形成社区宝贵的社会资本和地方财富，同时，也是地方非物质文化遗产传承的积极因素(Putnam,2000)。西方的研究中将邻里冷漠作为大城市中的弊病之一来看待，在最近的新城市主义运动中，规划者强调通过设计友好的公共邻里空间、吸引人的前廊而提供邻里打招呼和交谈的机会。

邻里交往，可以通过社区熟识程度和社区群体活动两方面来反映。对社区熟识度进行测度，可以直接询问居民知道附近几个邻居的名字、见面是否会打招呼、邻居中比较聊得来的朋友等。而社区群体活动，主要体现为休闲娱乐活动，可以直接询问居民每周进行几次群体性的休闲娱乐活动、每次持续的时间、参加的人数和主要参与的目的。另外，结合中国社区特质，也可以将街道以及居委会、家委会组织的文化活动归入邻里交往的范畴。

(3) 邻里满意度

满意度的概念，建立在心理学的认知理论(Cognitive Theory)基础之上。邻里满意度(Neighborhood Satisfaction)是构成生命整体满意度的重要来源，并可以采取多种维度的标准进行度量。满意度的研究主要可以分为两类：一类将满意度作为衡量环境能够促使或者阻碍使用者达到目标的度量，被称为目的(Purposive)途径(Canter and Ress,1982；Oseland,1990)。在目的途径的满意度研究中，研究者认为人们不仅被愿望所驱使，也会与环境建立起感情上的联系。另外一种是衡量消费者的愿望和实际之间的差异，被称为愿望—差异(Aspiration-gap)途径(Galster,1987)。这种观点认为将环境作为心理学物体进行评估通常包括种种对比过程：他们实际经历的以及他们期望经历的对比，或者过去经历的事物与现在经历的事物之间的比较。

西方心理学和社会学领域的研究中，提到了社会—心理，管理学—组织和物质空间变量也会对满意度形成影响：其中，社会变量包括私人、邻里、隐私、安全和社会密度、自然选择和个性，等等(Spencer and Barneji,1985)；管理学变量包括法则和规约、维护、警力配置以及社区参与，等等(Paris and Kangari,2006)。然而，在现有的研究中，社区物质空间特征对居民满意度的研究很少涉及，目前只有少量研究对于单一因素——空间密度、区位、房间面积、建筑外貌的影响进行探讨(Galster,1987)。然而，目前规划领域关注的社区构型(Morphological Configuration)相关因素在满意度评价中很少使用。现有的研究用其他的建筑设计指标进行替代,包括"住房类型":一层平房、公寓、单一家庭住房或者多拼别墅;"住房形式":高楼/矮楼,分离式/相连式。但也有研究发现这些指标并不足以反映居住满意度(Davis and Roizen,1970;Gifford,1997)。

5.2 三种类型的内城典型社区形态

如在第三章案例选择中所阐述的,在交道口街道下属的10个社区居委会中,选择南锣社区、菊儿社区和交东三个社区,分别代表交道口街道中完全保持传统风貌的胡同社区,采取"修旧如旧"方式、更新后大体保持传统风貌的社区,大规模整体更新后现代式多高层住宅社区等三种不同的社区形态。这三种社区形态是北京市中具有代表性的三种类别,分别对应了不同时期的内城更新策略。

首先,南锣社区是传统街坊社区形态的代表,由"胡同—四合院"基本构架组成。这种社区模式形成于元大都时期,一个街区占地八亩,由若干四合院构成。每个街区位于两条平行的胡同之间,宽 63 m(44 步),正好两个一进四合院或者一个二进四合院的宽度。在元代,这种规整的鱼骨状胡同格局,不仅是一种物质空间模式,也与居民基本生活相关——在一个社区内的居民共享一口水井——在蒙语中,胡同(衚衕)本意即为井。经过元明清三代,这种"胡同—四合院"格局逐渐固定为北京典型的民居样式;在清代,这种民居形式更与八旗制度的社会组织模式相对应,社区对应每旗下的基层组织"牛禄",并与兵役、税收等制度相关。在转型期之前的传统街坊社区中,每个家庭中有厨房,然而却没有公共浴室和厕所;近年来一些家庭开始在自家内添加卫浴设施,然而仍不普及。

值得注意的是,四合院与西方城市中单一家庭住房(Single Family House)的概念不同。虽然设计之初是为一个家庭居住而准备的,具有父母居住的上房、长子居住的西厢房、次子居住的东厢房、仆役居住的后罩房等房间(图 5 - 1a);然而,经历了"文革"时期的产权更替和内城人口密度增加,很多四合院现在已经成为多家庭混居的"大杂院"(图 5 - 1b)。"大杂院"源于 1976 年唐山地震时期北京的防震棚建设,之后并没有拆除,而是为随后在 70 年代末和 80 年代初陆续返城的知青提供了住处。值得注意的是,目前在以南锣社区为例的传统街坊社区中,传统的单一家庭四合院和多家庭"大杂院"是同时存在的,而"大杂院"通常更为常见。

其次,菊儿小区作为北京市东城区政府在 20 世纪 90 年代危旧房改造的试点项目,约占整个菊儿社区三分之一的面积,位于交道口街道的北部。菊儿小区工程前后分为两期,由若干"新四合院"组成,事实

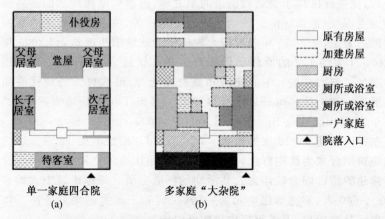

图 5-1 传统单一家庭四合院和大杂院的平面布局示例

上,是三到四层集合公寓楼围合在四条边而形成的"四合楼"(图 5-2)。在这些"新四合院"中央形成了类似中国南方民居的天井;一些天井中有绿化而作为公共空间。每个"新四合院"中大约有 12~24 户人家,其中一些顶层的一些居住单元具有跃层的设计。每户家庭居住单元具有厨房、冲水厕所以及煤气等传统四合院中不具备的设施。这个项目获得了"联合国人居奖"等六项国内外奖项,然而直至今日仍存在争议。一方面它确实改善了物质空间,形成了"新四合院"景观,通过增添厨房、厕所和洗浴设施,居民生活确实便利了;另一方面,这个案例也受到批判,认为改造后居民不再像之前那样密切交往;更重要的是,政府花费巨资来支持它的基础设施建设——尤其是从北部将近 1 km 之外的二环路引入煤气管线这一项基础设施工程,就花费 2 亿元(Zhang and Fang,2003)——这是之后的社区更新无法复制的。

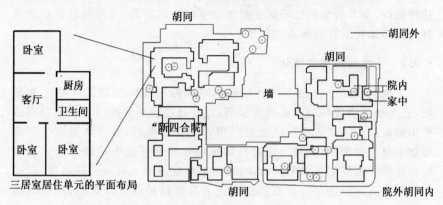

图 5-2 由公寓式住宅组成的菊儿小区"新四合院"城市形态

最后,交东社区位于交道口街道的东北部,改造后以现代式的多高层住宅楼为主,一层留作底商。该地区原为土儿社区,改造前以传统的胡同四合院民居为主,从1995年起进行大规模铲除式危旧房改造,到2003年完工,2005年大约1/3的原住居民和新住户陆续迁入。同时,也在新建社区中增加了城市广场、中心花园和健身设施等,形成典型的现代商品房社区形态。这个社区也是三个社区中唯一考虑了机动交通需求的,具有地下车库(Dongcheng Statistics Bureau,2006)。

交东社区新建9~12层的条状、"L"型或"U"型住宅楼16栋。每二至三栋建筑围合成为住宅群组,在每组住宅群组围合的空间中,有中心花园或新修建的仿古四合院作为公共活动场所或会所。每栋建筑中大约有居民300~600人,家庭居住单元为一居、二居和三居室的集合公寓。每户家庭单元具有厨房、卫浴等现代化生活设施。

在以上这三个社区中,南锣社区保存了最多传统邻里特征,交东社区最具有现代集合住宅楼的特征,而菊儿社区因采取"类四合院"模式改造而介于两者之间。因而,传统街坊社区的形态演变脉络,可以通过对比分别代表三种不同改造策略下的传统街坊社区、改造后仍部分保存传统风貌的"类四合院"社区以及现代商品房社区的形态特征而总结得出。

5.3 社区物质环境形态:更新后可能的改善

如前所述,社区物质环境形态是中国计划经济时代的居住区规划最关注的话题,也是社区形态中最容易被直接观察到的。在内城社区的案例中,社区物质环境形态可以通过遥感影像图转化而考察三种不同改造策略下土地利用强度、用地混合度以及围合度和连接性的变化。通常认为,采取"修旧如旧"方式更新的菊儿社区至少在外观上更漂亮了。带着这种假设,本节着重对比不同更新策略下的社区形态,考察两种更新方式是否能带来物质环境形态的改善。

5.3.1 土地利用密度强化

土地利用强度曾是中国计划经济时代的居住区规划关注的主要话题,它与社区建成环境联系最为紧密,也是通过规划师和设计师可以直接作用的层面。一些表明社区土地利用强度规划指标,都可以通过恰当的规划工具加以控制,尤其对于新社区来说很多指标是中国城市法定规划的修建性详细规划要求的。然而,要对已经建成的老社区进行测度,就要找到可以从遥感图中可以直接获取或者容易通过简单计算而得的指标。因而,社区土地利用强度可以用居住密度、容积率、平均楼层和住房类型等方面来衡量。

从分别代表三个时期的社区土地利用强度来看(图5-3),保持传统风貌的南锣社区的容积率和平均楼层最低,人口密度较高;更新后大体保持传统风貌的菊儿社区的人口密度最低,容积率升高;而属于现代式多高层住宅社区的交东社区容积率和人口密度都最高。具体来看,在保持传统风貌的南锣社区,人口的居住密度为每公顷435人,包括非正式建设加建房内的容积率为0.66,大部分为四合院平房建筑,只有少量属于单位宿舍的住宅楼。在更新后大体保持传统风貌的菊儿社区,人口的居住密度在三个社区中最低为每公顷264人,然而容积率却最高达到1.65,"类四合院"为三至四层高的住宅楼。在属于现代式多高层住宅社区的交东社区,人口的居住密度达到每公顷487人,容积率为1.44,住宅楼包括6层板楼以及21层塔楼和板楼。

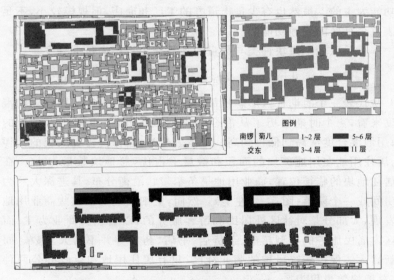

图5-3 交道口街道内三个社区的建筑高度对比

从三个时期社区土地利用强度的调整来看,属于新四合院类型的菊儿社区居住密度最低,而改造前的南锣社区的容积率最低,这反映了两种内城更新模式隐含的住宅安置差异。在菊儿社区的两期改造项目中,回迁率分别只有30.5%和23.5%(Zhang and Fang,2003),而在社区人口减少的同时,并没有大范围吸引新居民进入;而在交东社区的改造中,回迁率大致在1/3左右,然而多高层板楼和塔楼提供的新居住单元吸引了大量外来居民,解决了东城区其他社区改造的居民安置问题,形成了紧凑的居住类型(表5-2)。

表 5-2　交道口街道内三个社区的土地利用强度比较

社区	居住密度(人/公顷)	容积率	平均建筑高度(层)	住房类型
南锣社区	435	0.66	1.07	四合院
菊儿社区	264	1.65	3.5	新四合院
交东社区	487	1.44	8.3	多高层板楼,塔楼

5.3.2　用地功能分隔化

在北美的规划理念中,近年来经历了从强调截然分区(zoning)到提倡土地混合利用的转变趋势。而在中国的内城社区中,土地利用区划划分的尺度更小,通常呈现出混合利用而不像郊区新建的社区那样有截然分明的界限(Friedmann,2005)。整个计划经济时期,中国内城区是以居住功能为主的。虽然也有少量街道办的工厂和商店,但规模较小,不足以代表整个社区的用地功能。

本书采取用地斑块种类与数量的乘积作为指标衡量混合度:

$$\text{Mix-used index} = \text{Types of patch} \times \text{Num of patch}$$

从代表三个时期社区形态特征的三种社区不同土地利用功能的混合程度来看,三个时期经历了从混合利用到截然分区,再到适当混合的过程;用地混合度从高到低再到高。具体表现为,在保持传统风貌的南锣社区,居住用地在用地斑块的面积和数量上占优,总地块数量为14。在这些居住地块的临街位置,商业用地呈条窄带状沿街分布,其进深大约为一个房间或一个院落(图5-4左上)。然而,更细致地观察这些商业用地可以发现,大部分是对社区外居民和游客服务的,以餐饮类商业为主;而为社区内居民服务的小型超市、杂货店、书店、药店等并不占大多数。而在更新后大体保持传统风貌的菊儿社区,只有居住用地和行政办公两种功能,总地块数量仅为2。

在菊儿社区中,用地功能相当单一,除了占有绝大部分的居住功能之外,仅有少量行政办公用地。而在行政办公用地中,除了少量是为社区服务的社区居委会、警务执勤点办公场所,大部分为商务旅店所用(图5-4右上)。而在属于现代式多高层住宅社区的交东社区,用地功能最为混合,总地块数量也最多为20。在交东社区中,占有较大比例的是下部底商、上部为住宅或办公的商混用地,其次为单纯居住功能的用地;更细致地观察发现,这个社区中的主要作居委会办公用途的行政办公用地以及主要用作小学的科研教育用地,都是为社区内部服务的,这使得这个社区内部的用地混合度更高,各种用地功能的配合更加完善。

5 转型期传统街坊社区的形态演变 | 73

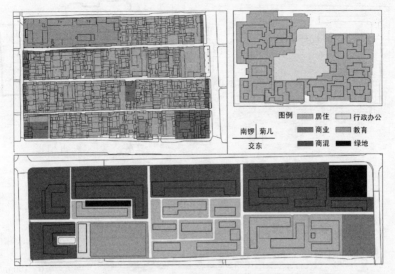

图 5-4 交道口街道内三个社区的用地功能混合度对比

5.3.3 社区门禁化和连通性弱化

如上文所述,象征着封闭的"墙"是外国人理解中国重要的文化符号。在中国内城,封闭和开放的程度,对于社区内部是以自给自足的方式组织还是与外部密切交流和联系来说也有很重要的意义。本书采取围墙总长与大门数量之比作为描述围合度指标:

$$\text{Enclose Index} = \text{Perimeter length} / \text{Gate number}。$$

从交道口街道内代表三个时期社区形态特征的围合度变化来看,三个时期经历了从完全开敞到完全封闭,再到半开敞半封闭的演化过程(图5-5)。在保持传统风貌的南锣社区,社区并没有墙来围合,长达 500 m 的胡同一侧,通常会有 30 至 60 户院落的门牌(包括独门独院)。这表明平均 8 至 18 m 就会出现院落入口,社区的围合度非常低。

在更新后大体保持传统风貌的菊儿社区,社区具有明确的实体墙或住宅楼围合,形成完全封闭的格局,在出入口通常还有社区居委会义工来进行门禁排查和监督。在长达 723 m 的围墙上,只有两个社区大门,即每 361.5 m 才有一个社区出入口。此外,与菊儿社区毗邻的宾馆地块阻碍了社区内部的交通,使得社区东部的院落和西部的院落之间并不能连通。

而在属于现代式多高层住宅社区的交东社区,社区中每个居住组团有穿透性良好的栏杆围合,形成大开敞小封闭的格局,在一些主要出入口还有保安来监督进出人员。在长 1 742 m 的社区边界上,共有 8 个社区

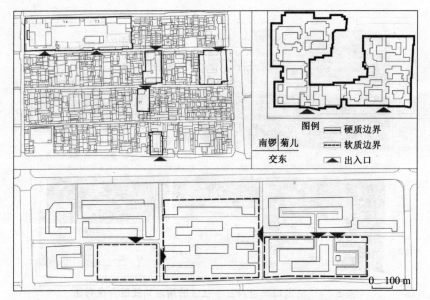

图 5-5　交道口街道内三个社区的围合程度对比

大门,即平均每 218 m 有一个社区出入口。然而,更细致的观察表明,交东社区的围墙并不是连续的,而是呈现出间隔和局部的围合,例如社区小学围合的栅栏,形成了社区内部围合的空间(表 5-3)。值得注意的是,围合度最高的菊儿社区,已经出现了与欧美"门禁社区"相似的特征——社区的入口数量被限制,社区有明确的边界和实体墙的围合,并且有监控录像和安保系统(Flanagan,2000)。在下文中,还将从社区设施、居民日常活动和邻里交往等方面,观察更新后仍保持传统风貌的菊儿社区与欧美背景下"门禁社区"的异同。

表 5-3　交道口街道内三个社区的围合度比较

社区	总周长(m)	大门数(个)	围合度(出口/m)
南锣社区	1 523	182	8.3
菊儿社区	723	2	361.5
交东社区	1 742	8	217.75

除了围合度的变化,代表三个时期的社区内部道路的连接性也存在差异。根据欧美背景下对于良好社区形态的理解和对于城市蔓延的批判,良好的连接性意味着更多的步行和自行车出行方式,更少的交通发生量,更好的空气质量以及更强的社区感(Benfield,Raimi,et al.,1999)。要采用量的特征来衡量街道设计和循环系统,借鉴在北美社区研究中采

用的街道交叉口(intersections)的数量和尽端节点(Cal-de-sac)的数量来衡量(Miles,Song et al.,2010)。

分析显示,在保持传统风貌的南锣社区,呈现出"鱼骨架"的道路网结构,社区内总交叉口数量为 14 个,而没有尽端路。在更新后大体保持传统风貌的菊儿社区,呈现出尽端路和回路组合的"口袋"状道路网络结构;社区内没有交叉口,尽端路的数量为 9 个。而在属于现代式多高层住宅社区的交东社区,呈现出道路交叉口与尽端路组合的道路构型,社区内交叉口的数量为 16 个,尽端路的数量为 4 个(表 5-4)。具体来看,社区内组团内部之间的连接通常采取交叉口的方式(以丁字交叉口为主),而组团内部的连接通常采取尽端路的形式。从这三个时期社区内部道路连接性的变化来看,经历了从棋盘状方格网到尽端路,再到格网与尽端路相互结合的道路构型(图 5-6)。

表 5-4 交道口街道内三个社区的内部连接性比较

社区	街道交叉口(个)	尽端节点(个)	道路总长(m)
南锣社区	12	0	2 514.3
菊儿社区	0	9	478.8
交东社区	16	4	2 415.6

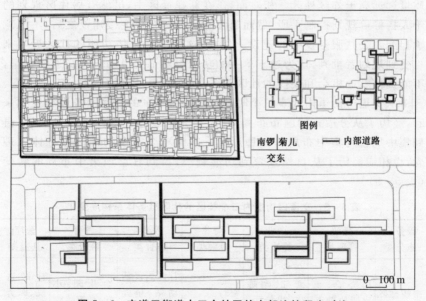

图 5-6 交道口街道内三个社区的内部连接程度对比

5.4 社区社会环境形态:更新不可替代的缺失

正如文献综述中所述,在转型期中国城市中政府主导的社区更新中,将关注点集中在物质空间的更新方面,而忽视了社区社会环境的营造。与政府决策者和部分规划者相信的——物质环境改善了,社会环境就会自然而然的提升紧密相关。然而,这种长久以来渗透到转型期规划理念中的假设是否能被实证检验所证实,尚在疑问之中。本节带着这种假设,对比不同更新策略下的社区形态,考察更新是否一定"自然而然"带来社会环境形态的改善。

5.4.1 社区服务设施单一化和完备化

在美国社区中,服务设施(utilities and amenities)是影响社区生活品质的关键要素。在对出租或出售房产的价格,除了房屋本身的情况,社区内是否有健身中心、游泳池、网球场、公共活动场所等也是重要的加分因素。在最近新城市主义思潮的影响下,在步行距离内接近商业设施和社区服务设施也逐渐开始被重视,社区服务的便利性被重新强调。

在中国内城成熟社区中,从改革开放起商业氛围越来越活跃,社区服务也越来越便利。尤其在医疗和教育两方面,一般认为内城社区的服务质量远远高于郊区社区。相对而言,在新建社区中,虽然有居住区规划的千人指标等规划控制手段,然而通常开发商却在住宅楼建设之后,不愿意承担配套公共服务设施的建设。目前,这种单一居住功能的社区近年来也受到规划者批判,认为过于单一的功能引发了大量的出行交通发生量,不能提供就业机会和便捷的社区服务,从而缺乏社区的活力。

从交道口街道内代表三个时期社区形态特征的社区服务设施变化来看,经历了从分散式的遍布布局,到几乎完全去除社区内部服务设施,再到集中周边的集中布局等三种形式。横跨三个时期的社区服务体系理念,也相应经历了从自然发育到功能剥离,再到有意识集中布局的转变(表5-5)。

表5-5 交道口街道内三个社区的社区服务体系构成变化

服务设施分类	行政管理类	商业餐饮类	商业金融类	文娱体育类	教育科研类	医疗卫生类
南锣社区	居委会、派出所执勤点	杂货店、小卖部、咖啡店、快餐厅、餐馆	银行	社区居民活动站、星光老年之家	幼儿园、小学、高等院校	社区医院、医务点

续表 5-5

服务设施分类	行政管理类	商业餐饮类	商业金融类	文娱体育类	教育科研类	医疗卫生类
菊儿社区	居委会、派出所执勤点	—	—	社区居民活动站（居委会内）	—	医务点
交东社区	居委会、派出所执勤点、物业委员会	超市、便利店、洗衣店、快餐店、宠物医院、理发店	银行、办公楼	社区居民活动站，星光老年之家，体育锻炼设施、棋牌室	幼儿园、小学	医务点

社区服务设施布局的变化具体体现为，在保持传统风貌的南锣社区，社区设施自发生长而遍布于胡同与院落之间。这些设施中，以传统的商业业态最多见，如杂货店、小卖部等，满足社区居民的日常所需。而也有一些新出现的咖啡店、茶座、快餐厅等，主要为外来的游客服务。在南锣社区中，教育和医疗设施最完善，品质在三个社区中也最高，甚至也吸引其他社区的居民来就学或就医。在更新后大体保持传统风貌的菊儿社区，社区设施被最大程度地剥离，社区内只剩下居委会作为必须的行政办公场所。菊儿社区居民日常生活所需，要到社区外部才能得到相应的服务。在属于现代式多高层住宅社区的交东社区，社区设施集中在社区沿街的区位。例如，在社区北面沿街的底商中，就有超市、便利店、快餐店、理发店等日常服务设施。交东社区的户外活动场所，提供了最多的健身和文化活动设施，也为居民之间的交流提供了机会。此外，这个社区中有很多功能混合的建筑，例如底商与上层居住的混合、底商与办公楼的混合，等等，这些多样的功能也为社区提供了就业机会(图 5-7)。

因而，在菊儿社区的"修旧如旧"更新模式下，虽然保持了传统风貌，但社区的服务设施却变得单一、缩减了；而在采取大规模更新的交东社区，因为新建设的居住区要考虑配套公共设施的建设，社区服务设施反而变得多样而完备。

5.4.2 社区公共空间私有化和公共化

社区公共空间是良好社区社会环境的重要组成元素。在中国内城，传统上缺少真正意义的公共空间，因为考虑到"院落"为主的居住单元中，具有"俱乐部产品（club good）"性质的半公共庭院也提供了居民交往的功能。因而，为了便于对比，本章中将庭院也归入公共空间的范畴，并采

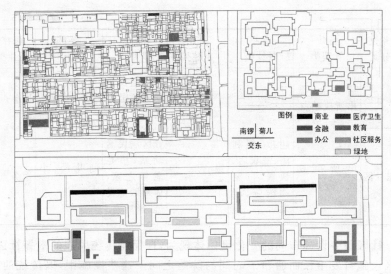

图 5-7 交道口街道内三个社区的社区服务设施对比

取社区总面积中公共空间的比例为指标衡量开放度：

$$\text{Open Index} = \text{Public space area}/ \text{Total area}$$

从代表三个时期社区形态特征的三种社区的不同开放度来看，在保持传统风貌的南锣社区，开放度为 31%，这些属于院落的公共空间不包括有边界围合的单位大院中的空间。公共空间散布在院落之中，这些院落的面积为几平米到十几平米不等，并且只被特定的几户到十几户家庭共享。在更新后大体保持传统风貌的菊儿社区，开放度为 26%，这些公共空间大部分属于"类四合院"中部的天井，面积在 20~30 m² 间，并有少量的绿化和健身设施。而在属于现代式多高层住宅社区的交东社区，开放度为 14%，这些空间通常为居住区的楼间绿地，分布更为集中，面积通常可以达到 50~200 m²，并有精心设计的绿化、健身设施和休憩场所（表 5-6）。

表 5-6 交道口街道内三个社区的公共空间比较

	公共空间面积（m²）	总面积（m²）	开放度（%）
南锣社区	46 059	124 485	31
菊儿社区	3 116	11 987	26
交东社区	16 161	115 437	14

与下文中单位社区中公共空间的分布变化相反，内城具有三个时期代表性的社区中，公共空间逐渐从小而分散转变为相对大而集中的分布形式。然而，从公共性逐渐提高的变化趋势来看，单位社区与内城社区的变化趋势确实是相同的，都

从只服务于少量居民、具有俱乐部产品的半公共空间,逐步过渡到服务更多居民、具有更强公共品特质的空间(图 5-8)。

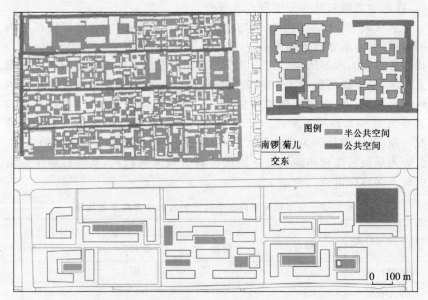

图 5-8 交道口街道内三个社区的公共空间对比

5.4.3 收入阶层隔离化

内城社区中的社会多样性,首先表现为不同收入水平之间的差异。本书对社区家庭收入的多元化程度较感兴趣。最近在美国的研究发现,社区影响中通过经济(收入、教育和移动能力)和社会心理(态度和感觉)而发生影响的最明显,并且"社区的收入特征可以显示在社会状态或住房状态方面的绝对比例(Blasius,Friedrichs,et al.,2007)"。因此,社会多样性是良好社区社会环境形态的重要因素,并且可以避免贫困的集中。

本章测度家庭收入的多样形式采取辛普森指数(Simpson Index)来衡量收入的多元化程度(Talen,2006)。具体来说,辛普森指数是指"衡量两个随机从样本之中选择出来的个体,属于同一个种类的可能性"(Talen,2006)。在下面的公式中,N 表示收入样本的个数,而 n_i 表示在第 i 个种类中的个体数。"这个指数值越高,多样化的程度越高,最大值就是等于所有样本所分的类别个数"(Talen,2006)。

$$A = \frac{N(N-1)}{\sum_i n_i(n_i-1)}$$

本章沿用2006年调查时的收入均值水平,认为家庭人均月收入在800元以下为低收入家庭,家庭人均月收入在2 500元以上为高收入家庭,在两者之间被认为是中等收入家庭。

从代表三个时期内城社区的收入多样化程度来看,在保持传统风貌的南锣社区,家庭收入多样化的收入程度最高,辛普森指数达到5.177,说明各种收入水平的家庭充分混合。而在更新后大体保持传统风貌的菊儿社区,辛普森指数为2.158,说明更新后收入水平的混合程度比传统内城社区下降。而在属于现代式多高层住宅社区的交东社区,辛普森指数最低为1.893,说明在商品房社区中收入的混合程度最低。产生这种情况的原因,可能是因为两种形式的内城更新过程中出现了绅士化的趋势,低收入居民被迫迁出而新迁入的居民具有较高的收入,从而打破了原有的收入多样化混合(表5-7)。

表5-7　交道口街道内三个社区的收入辛普森指数比较

服务设施分类	低收入家庭数量	中等收入家庭数量	高收入家庭数量	辛普森指数(Simpson Index)
南锣社区	5	53	33	5.177
菊儿社区	5	26	10	2.158
交东社区	4	61	27	1.893

5.5　社区居民活动与感知形态

社区居民活动与感知,可以通过对交道口街道三个社区的调查数据分析而得。调查问卷的数据,涉及日常活动、邻里交往以及邻里满意度等方面,这些问项采取封闭式选择和五点量表的方式,便于下面进行定量分析。如上文所阐述,转型期中国城市很多社区更新项目,是在"改善居民生活条件"的初衷下展开的。本节着重检验在不同更新策略下这种初衷是否能真正实现,考察指标包括对居民客观行为和主观满意度的测度。

5.5.1　日常活动居家化

社区居民的日常活动,也作为反映社区形态的重要方面。其中,居民活动空间和出行方式等物质性支持的测度,可以反映出社区物质环境与居民行为之间的关系(Clifton and Livi,2004)。

其中,居民主要日常活动的地点,通常与社区物质空间的品质直接相关。尺度宜人、设计人性化的院落,可以吸引居民停留、交谈和展开活动。

同时,对于内城社区来说,胡同不仅具有通勤功能,而且也是院落之外重要的生活空间,成为儿童游戏和老年人聚会的重要场所。从代表三个时期社区形态特征的三种社区主要活动空间来看,在保持传统风貌的南锣社区,居民在家中活动的比例是最低的,60%以上的活动都不在自家发生;而更新或者改造的程度越高,居民在户外空间活动的比例越低;在更新后大体保持传统风貌的菊儿社区,自家中发生的活动比例高达46.5%;而在属于现代式多高层住宅社区的交东社区,53.2%的日常活动都在自家中进行。更细致地观察可以发现,在更新后仍没有将原有胡同格局改变的菊儿社区,日常活动在胡同内的比例高达30.2%;而在更新时合并了原有土儿胡同两侧地块、破坏了原有胡同格局的交东社区,胡同内的日常活动就只占到6.3%;同时也注意到,在更新后大体保持传统风貌的菊儿社区,居民日常活动在院内进行的只占16.3%。这个比例在三个社区中最低,这表明作为"天井"空间的院落并没有比保持传统风貌的南锣社区中的院落显示出明显的优势(图5-9)。结果显示,在两种更新策略下,社区居民更少地外出到公共空间活动,变得更居家了。

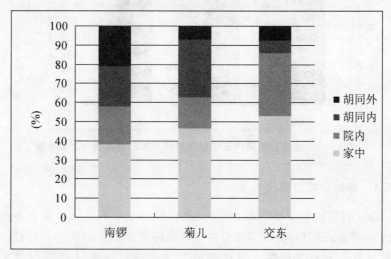

图5-9 交道口街道内三个社区居民个体的日常活动空间比较

此外,日常活动的出行方式也是重要的测度指标。在同一个街道内的三个社区,交通情况十分相似,尤其是到公交和地铁站点的距离相差不大。在交通条件控制下,出行交通方式的选择可以反映居民日常出行与社区物质形态之间的关系。从代表三个时期社区形态特征的三种社区不同交通形式选择来看,在保持传统风貌的南锣社区,居民更多地选择步行和自行车的交通方式,私家车出行的比例仅为2.3%。在更新后大体保持传统风貌的菊儿社区,步行、自行车和公交车出行的比例都比南锣社区低,但整体来看,私家车的出行比例也不高。而在属于现代式多高层住宅社区的交东社区,私家车出行的比例占到了16%,另外出租车和摩托车出行的比例也分别达到16%和16.01%,采取步行和自行车的比例明显减少,这说明在交东社区的交通发生量最高,只有一半左右的居民采取公共交通出行方式;同时三个社区中,保持传统风貌而没有进行更新的南锣社区,交通出行方式反而是最符合良好交通形态的理念(图5-10)。结果显示,在两种更新策略下,社区居民更多的依赖私家车,这样有悖于可持续理念的出行方式。

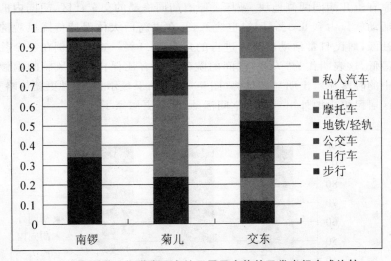

图5-10 交道口街道内三个社区居民个体的日常出行方式比较

5.5.2 邻里交往淡薄化

除了物质性的支持活动,邻里交往特征也是反映社区社会资本的重要指标(Putnam,1995)。邻里交往可以采用邻里熟识程度和群体性活动的参与两个方面来测度。将这些调查样本按照所属社区进行分组的ANOVA分析显示,在保持传统风貌的南锣社区,居民平均可以说出邻居的名字最多为15个,其中见面会打招呼的邻居数量也最多,达到8个。在参与群体性的休闲娱乐活动方面,如棋牌曲艺和其他形式邻里活动等,每次持续的时间最长为88分钟;到达活动地点的单程耗时为30分钟;平均每次花费最低,为13元。在更新后大体保持传统风貌的菊儿社区,居民平均只能说出6个邻居的名字,其中见面会打招呼的邻居也为6个。在群体性休闲娱乐方面,菊儿社区居民每次休闲娱乐的持续时间居中为76

分钟,而单程耗时和花费却是三个社区中最高的,分别为 59 分钟和 21 元。而在属于现代式多高层住宅社区的交东社区,居民平均能说出邻居的名字数量最少,仅为 2 个,他们见面会打招呼的邻居名字为 4 个,这反映了新建小区邻里之间较为生疏的特征。在群体休闲娱乐方面,交东社区居民平均每次的休闲娱乐时间最少为 71 分钟,到达活动地点的单程耗时最短为 21 分钟,平均每次活动的花费为 15 元,这可能与交东社区内的楼间绿地提供了大量的邻里交往空间和设施。

  ANOVA 分析结果表明,在邻里熟识度方面,保持传统风貌的南锣社区和更新后大体保持传统风貌的菊儿社区,居民对附近的邻居比较熟悉,也更乐于通过打招呼的方式与邻居交往;而在属于现代式多高层住宅社区的交东社区,由于大量新居民迁入,邻里之间的熟识度明显低很多。然而值得注意的是,在交东社区中会"打招呼的邻居"数量甚至超过能叫得上名字的邻居数量,这反映了彻底更新的社区中虽然邻里还不够熟识,但是却愿意和需要进行邻里交往。从休闲娱乐方面看,在更新但保持传统风貌的菊儿社区中,这些邻里活动的成本是最高的,这可能与菊儿社区封闭性较高、类似于"门禁社区"的特征有关,致使人与人之间的交流受到了阻隔(表 5-8)。结果显示,在两类更新策略下,社区居民的邻里交往更加淡薄,邻里关系的密切程度下降。

表 5-8 交道口街道内三个社区的邻里交往特征的 ANOVA 分析

问项		平均值和标准差	南锣	菊儿	交东
说出几个名字的邻居(个)		平均值	14.99	6.21	1.63
		组内标准差	17.33	7.69	2.73
打招呼的邻居(个)		平均值	7.74	5.68	3.79
		组内标准差	15.81	3.82	7.07
群体性休闲娱乐	每次休闲娱乐的时间(分钟)	平均值	88.14	76.25	71.77
		组内标准差	72.78	53.70	51.10
	单程耗时(分钟)	平均值	30.48	58.92	20.59
		组内标准差	31.51	68.67	29.33
	花费(元)	平均值	12.89	20.59	15.37
		组内标准差	24.72	59.79	46.20

5.5.3 邻里满意度弱化

  在对内城社区的邻里满意度进行测度时,借鉴西方满意度研究的测度方法,结合中国城市社区的特征,将邻里满意度分为社区物质环境、社区服务设施和邻里氛围等三个领域,并分别在这三个领域中选取一定的评价因子,通过居民的五点量表来做出邻里满意度的评价。共选择 20 个评价因子:U=[住房面积(u_1),建筑质量(u_2),室内日照(u_3),室内通风(u_4),噪音干扰(u_5),环境卫生(u_6),绿化(u_7),商业购物(u_8),老字号店铺(u_9),公共设施配套(u_{10}),交通出行(u_{11}),文化娱乐设施(u_{12}),体育锻炼设施(u_{13}),休憩场所(u_{14}),邻里交往空间(u_{15}),社区文化活动(u_{16}),邻里关系(u_{17}),与老朋友联络(u_{18}),安全感(u_{19}),家庭关系(u_{20})]。并让社区居民对上述因子逐项打分,评语集合分为五级:V=[很满意(v_1),满意(v_2),一般(v_3),不满意(v_4),很不满意(v_5)]。

从分项的满意度评价结果可见,在环境卫生、绿化、商业购物、安全感和家庭关系等方面,具有传统社区形态的社区的居民满意度表现出优势。安全感是居民最为关注的因子,评价数据表明,保持传统风貌的南锣社区满意度评价最高;而在门禁设施最完备、围墙围合度最好的菊儿社区,居民安全感还稍低于南锣社区;在属于现代式多高层住宅社区的交东社区,居民的安全感评价最低,除了一般的评价之外,大部分居民表示对安全"不满意"。在环境卫生和商业购物两个方面,南锣社区居民的满意度在三种社区中最高,这显示了传统风貌社区在社区设施和物质环境质量方面的优势。此外,在家庭关系方面,保持传统风貌的南锣社区满意度评价最高,更新后仍保持传统风貌的菊儿社区评价其次,而于现代式多高层住宅社区的交东社区,居民对家庭关系的评价最低(表 5-9)。

表 5-9 交道口街道内三个社区的满意度评价对比

评价选项	社区	很满意(%)	满意(%)	一般(%)	不满意(%)	很不满意(%)
环境卫生	南锣	0.0	21.3	38.3	34.0	6.4
	菊儿	3.9	12.7	47.1	19.6	16.7
	交东	1.1	11.8	62.4	15.1	9.7
商业购物	南锣	0.0	33.3	51.1	8.9	6.7
	菊儿	5.1	27.3	54.5	10.1	3.0
	交东	4.3	31.2	57.0	7.5	
安全感	南锣	0.0	27.7	51.1	12.8	8.5
	菊儿	4.3	26.6	51.1	9.6	8.5
	交东	0.0	9.8	50.0	26.1	14.1

续表 5-9

评价选项	社区	很满意(%)	满意(%)	一般(%)	不满意(%)	很不满意(%)
家庭关系	南锣	15.2	50.0	34.8	0.0	0.0
	菊儿	14.7	47.4	32.6	3.2	2.1
	交东	16.3	28.3	53.3	2.2	0.0

代表三个时期的社区满意度评价表明,"规划良好"的内城社区物质空间更新,不一定意味着居民满意度的提高。甚至在某些方面,虽然物质空间改善了,然而居民的邻里满意度——尤其在社区社会环境和邻里交往等方面,不但没有提升,反随着社区更新而增加了不满意的比例。

本章以北京市东城区交道口街道中的三个具有不同形态的社区为例,显示了三种不同更新策略下社区形态的差异:保持传统风貌的胡同社区,采取"修旧如旧"方式、更新后大体保持传统风貌的社区,采取社区整体更新后的现代式多高层住宅社区,以此来对其社区形态的演变进行描绘。分析结果显示,现代式多高层住宅社区虽然有着较好的社区物质环境形态,社会环境形态以及居民活动感知形态却表现不尽如人意;具有讽刺意义的是更新后大体保持传统风貌的社区,不仅社会环境形态以及居民活动感知形态与未更新的社区相比不具有优势,其社区物质环境形态也因门禁化、尽端路的大量使用以及功能单一而下降(表 5-10)。

表 5-10 不同更新策略下城市社区形态的测度

维度	指标	南锣社区	菊儿社区	交东社区
社区物质环境形态	土地利用强度	中	差	好
	用地混合度	中	差	好
	开放度	好	差	中
	连接性	好	差	中
社区社会环境形态	社区服务设施	中	差	好
	社区公共空间	好	差	中
	社会多样性	好	中	差

续表 5-10

维度	指标	南锣社区	菊儿社区	交东社区
社区居民活动与感知形态	户外活动	好	中	差
	交通方式选择	好	中	差
	邻里交往	好	中	差
	邻里满意度	好	差	中

  本章结果表明，在两种更新策略中，"修旧如旧"保持大体风貌并不一定带来社区物质环境形态的改善，它也可能带来用地功能的分隔，社区门禁化以及大量尽端路等不良的物质环境形态。同时，即使物质环境形态改善了，社区的物质环境形态也不一定就得到提升，也可能产生公共空间缩减和私有化，以及社会阶层隔离等不良的社会环境形态。此外，虽然各种更新策略都有"改善居民生活条件"的初衷，然而事实上比起传统未更新的社区，都呈现出日常活动居家化、邻里交往淡薄化以及邻里满意度弱化等不良的居民活动与感知形态。这些结论对转型期中国规划者和政策制定者的启示在于，在目前对"推土机"式大规模更新方式进行反思的同时，也应注意到目前内城区通常采用的"修旧如旧"更新方式，虽然保存了大体相同的风貌，但用社区形态的视点来看却是不能自圆其说的。

6 转型期单位社区的形态演变

本章继续沿用上一章中对于社区形态的测度方法,以个案研究来反映单位社区的形态演变。选择北京同仁堂社区的案例,与如上传统街坊社区的演变脉络相对照,由同仁堂社区的历史数据可得,可以分为初建复产阶段(1973—1978年)、分区促产阶段(1979—1985年)、更新集约阶段(1986—1992年)以及开放转产阶段(1993—2006年)四个阶段,分别对应"文革"末期、改革启动期、改革探索期和改革加速期四个时期,以此来追溯社区演变脉络。

单位社区作为在单位管辖的地域空间内以生产关系为纽带相互依存的社会网络和社会调控的基本单元,曾成为改革开放前中国城市社区中的主导类型(柴彦威,张纯,陈零极,2008)。典型的单位社区中,工厂是社区的中心机构并成为城市的基层政权组织,工厂要向居住在本社区中的职工提供"生老病死(cradle to grave)"等全方位、一揽子的福利保障(沃尔德,1991)。

在转型期,虽然单位社区中的居民经历了非单位化的过程(彭穗宁,1997),以工作关系为中心的单位关系也开始淡化,然而在大部分中国城市的郊区,仍可以观察到单位社区原有的物质空间形态。本章将继续沿用第5章中城市社区形态的测度方法,从社区物质环境形态、社区社会环境形态、社区居民活动与感知形态等方面来阐述四个时期的城市形态的变化。

6.1 四个时期的单位社区变化

与如上传统街坊社区的演变脉络相对照,单位社区的案例,可以分为初建复产阶段(1973—1978年)、分区促产阶段(1979—1985年)、更新集约阶段(1986—1992年)以及开放转产阶段(1993—2006年)等四个阶段。

首先,初建复产阶段(1973—1978年)的土地利用形态,以大型仓库组成仓储为主。这种仓储模式形成于新中国成立初期,与"统购统销"的计划经济体制相配合,用于在市域范围内集中存储和调配国家物资。在"文革"时期,这些仓库以"向阳库"命名,以边长40 m的正方形和边长分别为50 m和20 m的矩形平层建筑为主,呈现千篇一律的兵营式平行排列。每几个仓库以次级围墙围合成为一组,并且与厂内分区管理制度相对应。在这些仓库的中央，占有中心地位的是指导"文化大革命"工作的重要领导机构——"革命指导"委员会、"文革"大礼堂、向阳操场和"革命"保卫部。这个阶段单位社区的政治教育功能甚至超出了生产功能本身，而社区的生活功能尚未配备。单位围墙内仅有食堂、浴室等最基本的生活设施，并且没有配备职工宿舍。围墙之外仍为农田，单位社区仅仅通过大门与围墙之外相连通（图6-1）。

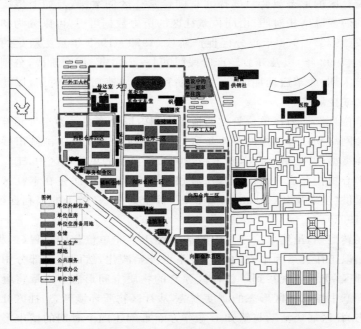

图6-1 "文革"末期同仁堂单位社区的平面布局和功能

其次，分区促产阶段（1979—1985年）的土地利用形态，划分为生产、仓储和居住三个主要的部分。在这个阶段，中药材行业"统购统销"垄断的瓦解，同仁堂的品牌得以恢复，生产功能重新被强调。单位社区的围墙和占地面积变化不大，上一阶段中的仓储用地部分转换做生产和居住功能。生产性建筑按照生产流程和工艺进行空间组织，形成蜜丸、颗粒、制剂、机包装、外包装等车间。这个阶段，行政性建筑仍在单位社区中占有心脏地位，如党委办公室、厂长办公室、工会等。同时，单位生活服务设施逐渐增多，配合第一期单位住房的建设，营造出了相对完整的社区生活区。此阶段，单位社区外部的农田还没有完成城市化过程，仅有的两栋住宅楼也不能解决所有职工的住房问题，因而班车成为连接城市与单位社区之间必要的交通工具（图6-2）。

再次，更新集约阶段（1986—1992年）的土地利用形态，仍沿用了上

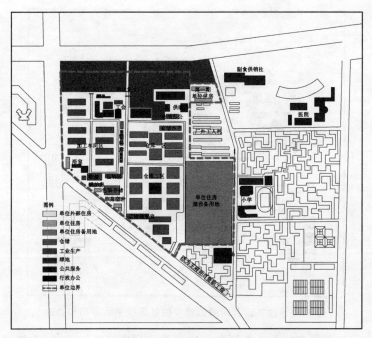

图 6-2　改革启动期同仁堂单位社区的平面布局和功能

一个阶段的基本模式,然而用地密度增加,土地利用更加集约。同仁堂在提高产量的同时开始注重产品科技含量,企业的增长方式由此从粗放型转化为集约型。以手工作业为主的药业车间大部分改为以机器操作为主,现代化生产楼的相继落成,使多个生产线可以集中在同一座生产大楼中,而腾出的空间可以用于单位内部福利设施的兴建。同时,高层板楼式的第二期住房解决了更多职工的住房问题,使大部分单位成员的"职住接近"成为可能。在这个阶段,生产区和储运区仍保持着严格的门禁检查,而生活区由于相对分散,门禁管理单元已经由"院"下移到了"楼"。此阶段,单位围墙外地区的城市化过程基本完成,但由于门禁和"职住接近、自给自足"的单位社区布局模式,单位社区内外的交流仍不多见(图6-3)。

最后,在开放转产阶段(1993—2006年)的土地利用形态,与前一个阶段相比,生产性用地和仓储用地部分转为生活用地和绿色用地。在1993年后,同仁堂继续深化国企改制,陆续剥离社会性功能,并且将一些污染大的生产线迁至地价优惠的郊区。在生产区中,一些厂办福利设施停办或外包,而停办的生产性建筑并没有被拆除而闲置。同时,随着面积更大的第三、四期住房相继建成,生活区的面积进一步扩大。随着生产线外迁和就业变动,"职住接近"的模式已经打破,并且非单位职工开始以租入或者购入二手房的方式进入单位社区居住。此阶段单位社区的围墙已

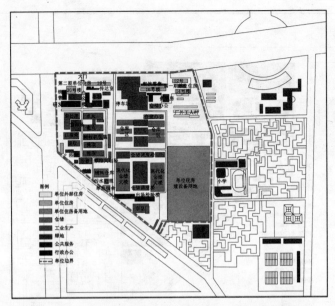

图6-3 改革探索期同仁堂单位社区的平面布局和功能

经瓦解,仅仅围合核心生产区并且由砖墙改为更加友好的栅栏;生活区的围墙和门禁也开始松动,单位社区内外的交流更加频繁(图6-4)。

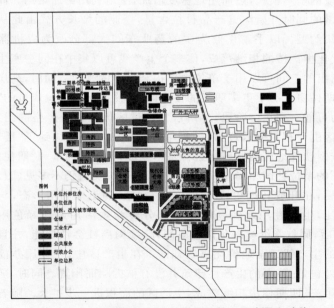

图6-4 改革加速期同仁堂单位社区的平面布局和功能

6.2 社区物质环境形态:生产氛围的退却

与传统街坊社区相比,单位社区在转型期中的物质形态变化更大。相似的,单位社区的社区物质环境形态,也是通过以遥感影像和公司档案为基础,采取 GIS 分析方法而得出的。在单位社区的物质形态变化中,其特征体现为土地利用密集化、用地功能混合化以及社区边界模糊化,这些变化过程反映了计划经济时期传统生产氛围的退却。

6.2.1 土地利用密集化

在经济转型的背景下,随着城市产业结构的变化,城市土地利用结构的宏观调整也在单位社区表现出微观尺度的响应。根据同仁堂内部建设档案,将 1976 年和 2006 年的用地结构①对照表明,仓储(−36.67%)、行政办公(−15.28%)、工业(−7.13%)三类用地比例下降,而绿地(+25.76%)、居住(+18.04%)、商业服务(+13.37%)和科研设计(+1.91%)四类用地比例有不同程度的增加(表 6-1)。土地利用结构的变化反映出单位社区功能的调整:由改革前以仓储功能为主的生产型社区,转变为集生产、居住、商业等多功能于一体的综合性社区。

表 6-1 同仁堂单位社区 1976 年和 2006 年土地利用的结构比较

序号	用地性质	用地代码	1976 年 面积(m²)	1976 年 比例(%)	2006 年 面积(m²)	2006 年 比例(%)	变化(%)
1	居住	R	11 032.0	5.57	39 875.3	23.61	18.04
2	行政办公	C1	41 968.2	21.18	9 963.1	5.90	−15.28
3	商业服务	C2−5	3 845.0	1.94	25 860.3	15.31	13.37
4	科研设计	C6	0.0	0.00	3 230.8	1.91	1.91
5	工业	M	39 535.6	19.95	21 657.6	12.82	−7.13
6	仓储	W	101 776.0	51.36	24 816.6	14.69	−36.67
7	绿地	G	0.0	0.00	43 518.5	25.76	25.76
8	在建用地	O	0.0	0.00	0.0	0.00	0.00
9	总面积	T	198 156.8	100.00	168 922.2	100.00	

进一步分析从同仁堂社区自 1976 年以来具体用地变化的原因量,发现(图 6-5):

---

① 参考《城市用地分类代码(国标 CJJ 46—91)》对单位社区中的土地用途进行分类。

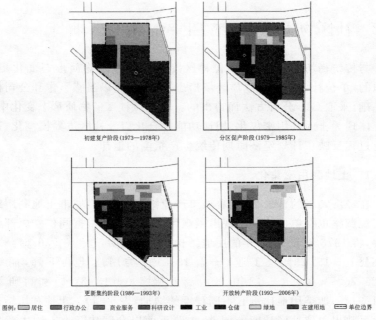

图 6-5 单位社区用地混合度的变化

首先,仓储用地减少的百分比最多,由 51.36% 下降到 14.69%。除了单位主营项目由仓储批发转移到制药加工的产业结构升级因素外,技术革新导致的建筑形态变化和容积率提高也促进了用地的节省。例如,在改革中将"文革"时期建造并命名的 38 个巨型"向阳库"集成到了两座现代化的仓储大楼中,用现代物流技术进行管理,极大节约了仓库区的用地。

其次,行政用地下降了 15.28%,这可能与国企单位改制后管理模式的调整有关。改革前国企的厂长直接由上级管理部门任命,此外领导班子还由党委、工会等共同组成。而在改革后这些厂级领导机构大多被精简,在新的项目经理负责制的现代管理制度下行政办公用空间和人员编制都得到缩减。

再次,居住用地从 5.57% 增加到 23.61%,体现了从单一生产功能的单位大院到生产、生活功能结合的单位社区的演变过程。这种重视"生产性"设施、忽视"生活性"设施建设的做法,沿袭了 20 世纪 50 年代反浪费运动以来单位建设对于"生产性"需求的重视[1]。

---

[1] 根据中国社会主义发展需求,"生产性"建设是指能直接产出物质性产品的基本建设活动——例如,厂房、车间等;而"生活性"建设被认为是不直接生产物质产品而具有"非生产性"的——例如,住房、科教设施、娱乐设施等。

最后,绿地、科研设计等用地从无到有,体现了当代城市规划理念中对绿色空间的关注以及对研发功能的重视。其中,绿地比例的提升尤为明显,从 0 增长到 25.76%,不仅满足了制药过程中的隔离防尘需要,也创造出吸引新型科技人才的优美环境,同时为周边市民的日常休闲活动提供了街边公园。

Mix - used index＝Types of patch×Num of patch(不算在建用地)

6.2.2 用地功能混合化

中国城郊的工业单位,虽然早期曾受到苏联专家影响下"生产区—居住区相对分离"的厂区规划理念影响(French,1995);但在实践中却根据便利性需要,灵活进行调整,实际上生产区和居住区仍混在一起,并没有完全达到两个功能区分离的效果。

延续在上一章中的测度方法,仍采取用地斑块种类与数量的乘积作为指标衡量混合度。

从同仁堂四个阶段的变化来看,用地斑块的种类丰富,用地混合度不断上升(由 1976 年的 30 提高到 2006 年的 128),具体表现为:首先,大面积、单一功能的斑块逐渐碎裂、散布。用地斑块面积的标准化数值的变化表明,大块用地(plot)逐渐被多个零碎的小块用地所取代。尤其是商业服务用地的分散化趋势十分明显,由一个在单位社区中心集中布局福利设施集中区转变为分散布局、功能分异、等级分明的服务用地体系。其次,不同类型用地斑块的布局日趋合理。例如,居住型的斑块周边开始出现越来越多的绿地或商服用地,而与制药工业相对隔离,避免了污染和噪音干扰。再次,用地斑块之间的界限开始"犬牙交错"。在前两阶段中各类用地的分界线清晰分明,并有围墙而分割;而后两阶段用地分界线基本不连续,呈现复杂模糊特征。计划经济时期,通常用围墙来作为划分功能区界限的途径之一,而目前这些单位社区内部的"墙中墙"已经消失。

6.2.3 社区边界模糊化

在以往对单位社区描述的文献中,通常会提到封闭的围墙、自成体系的交通体统(Walder,1986)。同时,这些研究也注意到,不同类型的单位围合程度不同,例如到访一般的工厂在传达室登记即可,而到访军事机构和政府机关需要核查介绍信、身份证,进行审查后才准许进入(Lu,2005)。

本书采取围墙总长与大门数量之比作为描述围合度指标:

Enclose Index＝Perimeter length/Gate number。

同仁堂单位社区四个阶段的演化显示,单位社区大门的数量由改革前的3个增加到现在的9个,围合度也由703.0 m下降到现在的204.1 m(图6-6)。大门数量的增多使门禁难以实现改革前严格的盘查和控制,而更多流于"监督"的形式。而围合度的下降也使原有的围墙不再连续,单位社区完整的边界开始变得破碎。

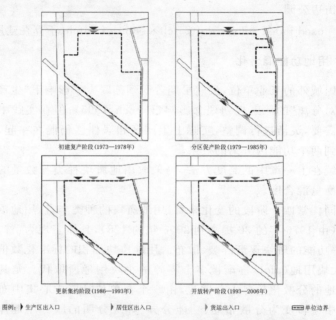

图例: ▶生产区出入口　▶居住区出入口　▶货运出入口　▭▭单位边界

图6-6　单位社区大门位置的变化

一些城市规划学者认为,社会主义单位大院体块过大、内部交通网络不与城市道路衔接,形成对城市交通组织的消极影响(Kwok,1981)。从围合度指标来看,改革前占地19.8公顷的单位社区平均703 m才设置一个大门,并且只有唯一的大门供职工通行。这样密封式的设计不仅阻碍了城市交通,也不利于本单位职工的上下班通勤往来,只是满足了当时管理的需要——职工考勤记录、货物监督①和防止外来人员进入。到2006年为止,大门之间的距离平均为204.1 m,这种围合水平基本满足了单位内部交通组织的需要②,避免了职工不必要的绕行;并且通过人流、货流的相对分离,提高了安全性和运输效率——此时单位社区仍有一些大门设置门禁,对城市交通形成一定阻隔(表6-2)。

---

① 为了防止本单位职工将产品和原料偷带出单位,曾一度下班时在大门安排保卫科人员对每个员工的手提包进行检查。

② 参照《城市道路设计规范》,城市支路间距应在150~250 m(CJJ 37—90),间距过大则会造成局部交通流过于集中。

表 6-2 单位社区大门的数量和围合度的变化

发展阶段	总周长(m)	大门数(个)	围合度(出入口/m)
初建复产阶段(1973—1978年)	2 109	3	703.0
分区促产阶段(1979—1985年)	2 095	4	523.8
更新集约阶段(1986—1993年)	1 837	6	306.2
开放转产阶段(1993—2006年)	1 837	9	204.1

6.3 社区社会环境形态：生活氛围的增强

在计划经济时代，传统上单位社区中将几乎全部注意力集中于生产方面，提倡"先生产、后生活"，从某种程度上来说，单位社区的生活服务需求被压缩到了最低。转型期中在社区社会环境形态方面，单位社区的生活氛围重新得到了增强，具体表现为社区服务设施的多样化、社区公共空间绿色化以及社会多阶层的融合化。

6.3.1 社区服务设施多样化

单位承担再分配(redistribution)的重要职能，是依托于单位社区服务体系设施而实现的(张纯，柴彦威，2009)。随着单位社区社会性负担的逐渐剥离，单位社区的服务设施已经不仅仅限于单位内部，而依赖于更大范围城市地区内的各种服务设施。

在单位社区中，社区服务设施的重要性在于，它不仅为居民提供了必要的日常生活所需，而且通过设施利用促进了社区居民的交往。横跨计划经济时期和市场经济时期，单位社区中的服务设施布局也相应变化：从自给自足的中心式布局向与社会共享的周边式布局形式转变，并逐渐融入了整个城市的服务设施网络体系中(表 6-3)。

表 6-3 单位社区服务设施体系的分类构成及变化

服务设施分类	行政管理类	基本生活类	商业金融类	文娱体育类	教育科研类	医疗卫生类	单位社区外部设施
初建复产阶段（1973—1978年）	"革命"委员会、"革命"保卫处、"革命"大会堂、"革命"大广场、工会、传达室	食堂、浴室、锅炉（开水房）	小卖部	礼堂	—	卫生室	副食供销社、日杂合作社

续表 6-3

服务设施分类	行政管理类	基本生活类	商业金融类	文娱体育类	教育科研类	医疗卫生类	单位社区外部设施
分区促产阶段（1979—1985年）	办公楼、工会、传达室、房管科、家委会	车队、食堂、浴室、锅炉（开水房）	副食店	接待室	幼儿园	医务室	副食供销社、日杂合作社
更新集约阶段（1986—1993年）	办公楼、质量监测、传达室、房管科、家委会	车队、食堂、浴室、饮水房（茶室）	餐饮、零售、招待所（干部食堂）	工会文化室、社区活动室、篮球场	幼儿园	医务室	自由市场
开放转产阶段（1993—2006年）	办公楼、后勤楼、总务办公楼、保卫科、传达室、房管科、家委会（第一、第二）	车队、食堂、浴室、饮水房（茶室）	餐饮、零售、药膳	工会文化室、社区活动室（2）、篮球场	研发大楼、幼儿园	门诊部医务室	自由市场、农贸市场、底商超市

社区服务设施布局的变化具体体现为，布局形式由集中成片向沿街分散转移。在计划经济时期，由于单位具有内闭、排外的空间特性，其生活服务设施也呈现出以行政建筑为中心的辐射式组织体系（Bray，2005），并有集中的生活服务区。而在转型期市场利益的驱动下，沿街、沿边的周边布局模式更适应了"自负盈亏"的独立经营模式下，面向社会服务的新需求（表6-3）。

服务设施布局由"中心集中"向"周边分散"的变化，加速了单位社区从封闭走向开放的过程。随着单位内部设施的对外经营，围墙部分打开，更换为更加通透友好的栅栏，并只保留了核心生产区的围合门禁。毫无生气的单位界面逐渐变成富有活力的城市界面，吸引着单位内外居民来购物和休闲。单位社区和城市外部空间交流增多，不仅体现为单位社区内部设施开始对外服务，也体现为单位外部服务设施的服务范围开始覆盖到单位内部。例如，周边新出现的连锁超市逐渐取代厂内的供销社成为主要的商业设施，新型的KTV取代了原有的工会娱乐项目，而周边的快餐店也取代了原先的食堂为单位社区居民提供餐饮服务（图6-7）。

6.3.2 社区公共空间绿色化

同仁堂的案例中，公共空间的比例也经历了先减少后增加的变化。沿用上一章的定义，继续采取单位社区总面积中公共空间的比例为指标衡量开放度：

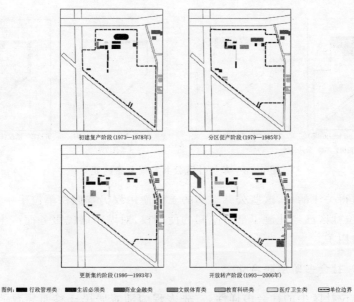

图 6-7　单位社区服务设施体系布局的变化

Open Index＝Public space area/Total area

仅观察四个阶段开放度的数值，发现单位社区中公共空间比例从改革开放前的 15.5% 下降到 20 世纪 90 年代初的 6.81%，目前又上升到 23.93%。但改革开放前公共空间主要用途为"革命教育"、各种政治集体学习和批斗会，而转型期中在上级规划要求与市场机制的双重作用下，单位社区开始向社会提供商业服务和绿色空间（表 6-4）。

表 6-4　单位社区公共空间面积和开放度的变化

	公共空间面积(m^2)	单位总面积(m^2)	开放度(%)
初建复产阶段(1973—1978 年)	29 823	198 156.8	15.05
分区促产阶段(1979—1985 年)	25 771	186 324.9	13.83
更新集约阶段(1986—1993 年)	12 815	188 205	6.81
开放转产阶段(1993—2006 年)	40 429	168 922.2	23.93

随着功能由政治宣传转向生活服务，公共空间分布的位置和形态也发生了变化：由改革开放前集中分布的"革命大广场"，转变成为包围在单位社区北、西、南三侧零散分布的餐饮休闲带、公共防护绿地等用地。公共空间的利用形式也由偶发、大规模、自上而下号召的群众集会，转向经常性、小而灵活、自发自愿的市民活动。单位社区周边，公共空间的增多提高了边界的友好性，可以通视的栅栏所代替了厚实的砖墙，将"硬边界（hard edge）"变成"软边界（soft edge）"（图 6-8）。

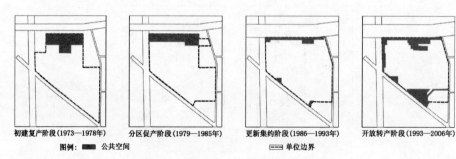

图 6-8 单位社区公共空间分布的变化

值得关注的是,这些公共空间的土地使用权仍掌握在单位手中,这表明,单位社区已经让渡了部分空间的使用权,对城市居民服务而产生正的外部效用了。

6.3.3 社会多阶层融合化

单位社区中的社会多样性,首先表现为随着居民迁移而导致的随着单位社区人口构成变化。因为社区收入多样性的分析显示,同在一个单位中就职,收入的差距并不明显。在单位住房初次分配的时候是以单位职工的家庭为单元,所以本书把家庭作为考察的基本单元。在传统的单位大院时代,居住在单位社区里的全部是家庭成员中包含单位职工的家庭,而随着单位社区中的人员流动,社区的家庭构成开始复杂化。

数据显示,同仁堂四期住房中均有不同程度的社区家庭"非单位化"现象(表6-5)。在总体水平上,社区所有住户已经有25%的家庭与单位没有任何联系。四期住房中,建设时间越早,住户中非单位家庭的比例越高。尤其是邻近交通枢纽的第一期住房,非本单位住户已经占到45%。建成时间较晚的第三期和第四期住房中,分别有86%和96%以上的家庭中,至少有一位家庭成员是单位职工。

表 6-5 单位社区中四期住房的非单位家庭户数和比例

住房分期	楼号	总户数(户)	非单位家庭(户)	非单位家庭比例(%)
第一期	12、14号楼	300	135	45
第二期	16、18、20号楼	1 000	320	32
第三期	10、11号楼	300	42	14
第四期	3、6、7号楼	470	19	4
总体	—	300	516	25

(注:"非单位家庭"指家庭成员中没有一个就职于该单位中。)

单位社区中家庭"非单位化"的力量分别来自于社区内部和社区外部。其中社区外部非单位住户的迁入是社区"去单位化"的主要因素。

首先，伴随着家庭生命周期而发生的自然更替是来自社区内部演变力量。单位职工因为年老死亡，住房由同住子女继承割断单位与社区家庭联系的纽带，使家庭脱离于单位。其次，随着就业制度的改革，职业变化开始逐渐普遍，居住在单位社区中的居民由于离职等原因已经不再隶属于原先的单位。再次，住房市场化后，单位居民可以在单位住房之外获得居住机会，搬离单位社区的现象逐渐上升，迁出的原因有多种多样，改善原有的居住环境、工作地点变动、家庭规模扩大。与单位社区中的未搬迁者相比，迁出者经济能力较强①。

与此相对，非本单位职工的迁入，形成来自社区外部的"侵入"力量。房改后，单位住房既可以出租又可以在二手房市场上进行交易，这为非单位居民的进住提供了可能。

"我们原来住崇文区沙子口，当时赶上拆迁，给了我们每平米7 000的补贴，面积小，57 m²，（补贴）都加一块，一共就40万，只能买二手的。选这也没什么特别的原因，就是这房43万，自己搭一点，我们还出得起。要再就是，一个离工作地点近，交通也还可以。——计算机厂退休职工（样本C-11）"

"主要就是对周围熟悉，所以选这里，价格也是一方面，这里的确要比外面便宜，三环附近的商品房当然不是这个价。——某报社记者（样本C-13）"

6.4 社区居民活动与感知形态：去单位化

与上文交道口三个社区的案例不同，在同仁堂社区的案例中，社区居民活动与感知形态主要通过深度访谈资料获得。访谈内容涉及日常活动、邻里交往以及邻里满意度，通过深度访谈的质性研究方法，可以获取更多细节信息来反映被访者的个体差异。在转型期中，单位社区中的居民也经历了从以单位生产关系为纽带的"单位人"向以地缘关系和社区网络为纽带的"社会人"的转变——经历了明显的去单位化过程，具体表现为日常活动范围扩大化、邻里交往组织自发化、邻里满意度差异化等方面。

---

① 资料来源：社区家委会工作人员访谈资料。

6.4.1 日常活动范围扩大化

横跨整个转型期,与社区物质环境形态相比,单位居民日常活动的改变更加明显,体现在通勤距离增加、购物选择更加多样、生活服务地点更分散等三个方面。

首先,单位居民的通勤模式随着职住关系的变化而改变。在同仁堂案例的四个阶段中,随着单位住宅的相继建成,越来越多的单位职工迁入单位社区中居住。这使单位社区同时成为他们的就业地和居住地,从而降低了每日通勤距离。如果是双职工家庭的情况,家庭总的通勤距离将进一步降低。而到了第四阶段的开放转产期,由于核心生产线迁出和非单位家庭的迁入,就业地和居住地不再对应,职住接近的模式也被打破。

例如,从高先生(样本 C-02)生命历程和迁居经历的案例来看,他1965年参军复员后到北京药材公司(即原北京同仁堂制药二厂)下属的储运公司工作,每天乘坐公交和固定地点接送的班车通勤。1979年,他搬入分到的第一期单位住房中,此后一直步行或者自行车上下班。到1997年,迁入条件更好的第三期单位住房中,而由于只是在单位内部进行住房调整,职住关系并没有改变。2000年退休后,高先生不再需要通勤,仍居住在原有住房中;由于儿子和儿媳并不在同仁堂工作,以家庭为单位的职住接近关系已经破裂(图6-9)。

图6-9 生命历程视角的迁居和工作变化案例(样本 C-02)

其次,单位居民的购物模式也发生了明显的变化。在计划经济时期,单位内部的小卖部和与周边其他单位共享的供销社成为仅有的商业设施。并且在短缺经济的"配给制"下,排队也成了常见的景象。

> ……那时候买什么都要排队。那时孩子小,厂里小卖部奶粉都不常有——赶上谁看见来货了,赶紧跑我们车间叫——然后大伙儿都知道了,就排大队——顶多就让买两袋。(样本 C-03)

而随着转型期市场机制的引入,在单位社区外部商业设施的数量增加,种类也更加丰富,逐渐形成了大型超市—连锁店—便利店与农贸市场相互结合的商业体系。单位社区中的居民不再在单位社区内部购物,而单位厂区也逐渐剥离了商业服务功能。

> ……现在买东西比以前方便了,也不用再凭粮票油票布票,没什么限制了。现在楼下有很多连锁店开到晚上 10 点,服务态度还好。厂子里的小卖部就没人去了,东西也不新鲜,慢慢就关了。(样本 C-03)

最后,单位居民必需的生活服务模式,也发生了很大变化。计划经济时期的社区的服务设施布局,意图通过营造集体生活氛围,在劳动场所之外也能培养"工人阶级精神"(Bogdanov,1923)。在这种理念影响下,一些必要的基本生活服务设施也被集中到了单位厂区中,如食堂、浴室和开水房等。然而,这些设施的集中也带来了种种生活的不便:

> ……全家老小洗澡都得奔厂子里,——就算大冬天也都得进厂子里来,拎一个那种塑料框,走回去有时候头发全变成冰碴了……(样本 C-02)

随着转型期生活理念的转变,基本生活设施向居民家中或居住区转移,这也使居民的日常生活更加围绕家庭而不是工作关系展开。由于在这些工作时间之外,单位职工共享基本生活服务设施的机会减少,这使单位居民的基本生活不再集中在单位厂区内部。

6.4.2 邻里交往组织自发化

除了居民日常活动地点和方式的变化,单位社区居民的邻里交往也随之变化。主要表现为邻里交往的组织由改革前自上而下的组织形式,转变成为转型期居民的自发活动;社区交往的空间也从单位内部的文化活动室转移到社区活动中心和户外公共空间。

在西方社区中,通常将小学、教堂以及社区图书馆作为联结社区邻里关系必不可少的纽带(Perry,1929)。以北美为例,社区邻里活动通常以周日的礼拜、小学家长的双周会以及不定期的社区俱乐部活动为主。然而,在计划经济时期的同仁堂单位社区中,"革命"委员会组织的各种政治学习成为单位居民交往的重要场合。这些学习的内容通常包括先进事迹汇报、批评和自我批评、各种计划和总结会议,等等。

而在转型期中,单位社区管制动员作用逐渐减弱,居民邻里交往的方式也更加多样化,并且以自发的群体性休闲娱乐为主。单位社区居民的交往更多出于自身的兴趣爱好以及健身的需求,而不再以单位组织的活动为主。例如,退休的老年人会成群结伴地去附近公园晨练、中年上班族晚上会组织集体交谊舞等。

……现在退休了,早上跟那几个老师傅一块去天坛练太极拳——有时候还去香山背水回来,(几个人)慢慢的也都处得不错。(样本 C-01)

……一块儿办了个柔婷的美容卡——要不自己去多没意思呀,跟她们一块还能聊聊天什么的——有时候也一块跳舞去,认识不认识的多处就熟了。(样本 C-06)

值得注意的是,在转型期的单位社区中,居民的邻里交往方式并没有形成类似于西方社区中,以基于教区或学区的邻里活动交往为主的形式,这可能与在中国的礼拜活动并不常见、由于择校普遍学区边界不明显有关。

6.4.3 邻里满意度差异化

根据访谈资料,可以分社区物质环境、社区服务设施和邻里氛围等三个领域分析被访者的满意度评价。

在社区物质环境方面,居住在同仁堂单位社区中的不同被访者的评价也有所差异。第一期和第二期单位住房中的被访者,表示他们的邻里随着用地和强度的功能转换以及围合度的降低,安全性变差,缺乏私密感,卫生情况也变得糟糕。曾经居住在第一期单位住房的一位居民在访谈中提到:

……现在原先的房(第一期)那边太乱了——开买卖的多,人也杂。不像以前进门还有个传达室,生人不让进——现在丢自行车的太多了——人一多,卫生也差了。而且大早上起来外面就呜泱呜泱的都是人,也闹心……(样本 C-01)

而在第三期和第四期中居住的被访者则对社区物质环境做出积极而正面的评价。他们认为单位社区内部用地调整,使他们的邻里周围用地功能与居住功能更加兼容,增加了更多的绿地和公共空间而更加宜居。例如,居住在第四期住房的一位女士在访谈中提到:

……还是觉得比刚搬过来的时候好了,有小树林隔音之后,没有那么大的装货声,中药味也好了很多。最方便的是,开了个后门之后进出更方便了,省得一点路还要绕……(样本C-06)

　　在社区服务设施方面,被访者普遍表示,与计划经济时期相比,转型期的商业和服务设施变得更加丰富和方便。对单位社区而言,生活设施和生产设施逐渐分离,居民日常生活的重心开始从厂区转移到住宅生活区。例如,一位居住在第三期单位住房的女士表示:

　　……现在买东西确实方便多了,不用什么东西都到厂子里去。附近那么多超市、连锁店,去哪儿都行;吃早点、快餐可以到外面了,什么时候懒得做饭就到楼下的小店去……(样本C-06)

　　在对邻里氛围的评价中,被访者普遍表示原有的以工作为纽带的邻里关系减弱,但对此的感受却不尽一致。在传统单位社区中,单位通过提供各种厂办福利,使职工形成"以厂为家"的归属感。单位职工在厂区内结成的工作关系,顺延带到社区生活中,使单位社区中的居民"工作、生活"两个角色难以完全分清。这种工作关系混合,在带来更为密切邻里关系的同时,也带来了一些不便。

　　……我们两个男孩都好斗,有一次给书记的孩子打坏了——那也得上人家家里,登门赔不是去——挺别扭的(样本C-01)。
　　我觉得一个厂子都在一块没什么不好——要是有想法,也是那种平时工作就有矛盾的——要不干什么成心找不痛快?(样本C-05)

　　在转型期中,随着生产关系从手工联合劳作到机器流水线转变,单位职工之间的关系开始淡化。伴随着非单位家庭的入住和原有单位职工的离职、退休,单位社区邻里关系也不像以前那么紧密了。

　　现在退休了就各干各的——(隐私)意识也强了,也不像原先那么串门了——就算老师傅之间愿意走,人家家里人未必愿意你来。(样本C-02)

　　小结来看,在第6章单位社区的案例中,体现了市场力量下的社区再生过程。单位社区的演变已经经历了30年并且仍在继续进行。单位社区正在融入整个城市,成为以市民为基础的、具有良好服务设施支撑的新型城市社区——相对于交道口整体的社区规划策略,同仁堂的郊区社区形态演化,是主要在市场力量推动下进行的——核心生产区缩减和迁到更远的经济开发区,留下的部分开始悄然发生商业化的变化,社区更加开放富有商业活力,居民开始将自己的住房出租或者出售。这些都是在计划经济力量对于传统单位社区控制退却之后,新市场机制引入而产生的变化——这种变化也成为一种社区再生的过程——市场力量下的社区再生。

具体来看,第 6 章以北京同仁堂制药厂所在单位社区为案例,展示了中国城市中的单位社区在经济转型期中空间演化——从以生产功能为核心、封闭、自给自足的传统单位社区,向多功能综合、开放、富有生机活力的新城市社区演化的过程。对于传统单位社区的理解,不应仅仅限于简单的"封闭大院"或"生产综合体",而应将其作为标记中国特殊历史阶段的空间载体。它真实地反映出政治气候变化的动向——随着转型期的来临,社区形态也发生相应改变(图 6-10)。

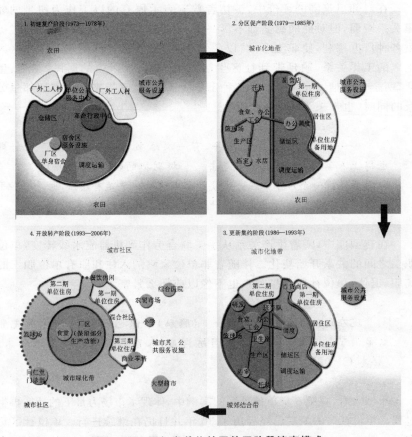

图 6-10 同仁堂单位社区的四阶段演变模式

以同仁堂单位社区从横跨计划经济时期到市场经济时期四个阶段中的转变来看(图6-10),单位社区天翻地覆的变化体现了城市转型的内在逻辑。单位社区在居民构成和住房权属多元化、社区服务设施外向化和社区交往及归属感等方面的变化趋势,使单一的单位社区开始复杂化。居住的自由流动、单位体制变化交织在一起对单位社区的重构产生作用,使得单位社区逐渐从原先的封闭状态走向开放和自由化。从社区尺度上,单位社区人口和产权的变化导致了社区服务设施的变革:社区服务体系分化为生产、生活两类,生活服务设施的服务对象扩展到单位外部居民,并由集中成片的中心布局模式转为分散到沿街、沿边界的周边布局模式,同时高等级文娱休闲设施的发育提高了社区生活品质。单位社区也越来越脱离独立、隔离的郊区工厂景象,而逐渐融入城市社区空间中,成为以市民为基础、具有服务设施支撑的新城市社区类型。

7 社区再生的理念与依据

第5章的讨论为传统街坊的再生实践提供了重要线索。交道口街道中代表三种不同更新策略的三个社区中,保持传统风貌的南锣社区具有良好的社区社会环境形态和居民活动感知形态,尤其表现在各个收入阶层融合的社会多样性,以及丰富的户外活动和邻里交往等,在邻里氛围方面的满意度也较高。而在采取"修旧如旧"方式、更新后大体保持传统风貌的菊儿社区,除了提供更多的社区公共空间,社区的物质环境形态实质上并没有改善——土地利用功能更加单一、社区围合度更高、内部的连接性更差、社区服务设施缺乏;同时,社区居民活动感知形态也比保持传统风貌的南锣社区稍差,表现为居民的户外活动减少、邻里关系淡薄,社区满意度评价中只有安全感一项比没有改造的南锣社区高。在改造成为现代式多高层住宅的交东社区,改造后具有良好的物质环境形态,表现为一定强度的混合的土地利用、适度的内部连接性、丰富的社区服务设施和精心设计的社区公共空间;然而,社区中的社会多样性却下降,居民减少了步行和骑自行车出行的机会,邻里关系更加冷漠,社区满意度评价也是三类社区中最低的。

从以上对三种不同更新措施下的社区形态分析可以发现:一方面,"修旧如旧"的外观不一定能创造良好的社区物质环境形态,还需要考虑与区位相匹配的用地集约性、用地功能的混合性、适度的内部连通性、社区服务设施的齐备性等,同时也应避免形成内城中的"门禁社区"而与周边环境隔离。另一方面,即使改良的社区物质环境形态,也不意味着一定能形成良好的社区社会环境形态,社区居民的活动与感知还受到很多主观因素以及社会网络(social network)的影响。

在进行针对传统街坊社区的再生实践之前,进行社区再生的依据探讨十分重要,例如,哪些因素会影响到居民的感知和满意度,又可以通过哪些规划工具进行调节。本章要解决的问题包括:(1) 如何根据居民的满意度调查,识别社区目前存在的主要问题?(2) 在识别这些问题后,如何确定社区再生的规划目标?(3) 选择哪些规划工具,可以实现社区再生的规划目标,提升居民的活动、感知和满意度水平?

7.1 社区满意度评价与问题识别

传统小尺度的区域规划通常关注人口和经济发展,或在详细规划中关注实体空间的开发；而社区规划的初衷，与地方居民生活更为贴近，旨在通过规划工具的使用提升社区物质空间形态和社会空间形态，并最终提升人们的生活品质。因而，在交道口的案例中，通过分析问卷中居民对社区满意的评价部分，可以识别目前社区形态尚不理想的方面，并且了解居民对社区生活的期望。

7.1.1 社区满意度评价结果

在认识层面中，通过地方居民的邻里满意度的视角来进行问题识别，在这一环节中运用模糊评价方法。模糊评价法是基于美国控制论学者扎德创建的模糊数学（fuzzy mathematics）理论（Zadeh，1965），采取语言变量代替数值变量来处理不确定性的评价方法，它在定量分析和评价界限不明确现象时模拟了人类的推理模式。考虑到社区形态的良好程度和人们的生活质量本身带有较浓的主观色彩，引入模糊综合评价法来测度，比传统的多要素综合法、AHP法等更具优势。

选取社区物质环境形态、社区社会环境形态、社区居民活动与感知形态等三个领域共20个因子进行评价。根据上述评价指标体系，首先构建评价因子集：$U=$[居住面积（u_1），建筑质量（u_2），室内日照（u_3），室内通风（u_4），噪音干扰（u_5），环境卫生（u_6），绿化（u_7），商业购物（u_8），老字号店铺（u_9），公共设施配套（u_{10}），交通出行（u_{11}），文化娱乐设施（u_{12}），体育锻炼设施（u_{13}），休憩场所（u_{14}），邻里交往空间（u_{15}），社区文化活动（u_{16}），邻里关系（u_{17}），与老朋友联络（u_{18}），安全感（u_{19}），家庭关系（u_{20}）]。并让社区居民对上述因子逐项打分，评语集合分为五级：$V=$[很满意（v_1），满意（v_2），一般（v_3），不满意（v_4），很不满意（v_5）]（表7-1）。

从因子集到评语集建立模糊关

表7-1 社区满意度评价的指标体系

评价指标	评价因子
社区物质环境形态	居住面积 建筑质量 室内日照 室内通风 噪音干扰 环境卫生 绿化
社区社会环境形态	商业购物 公共设施配套 交通出行 文化娱乐设施 体育锻炼设施 休憩场所 邻里交往空间
社区居民活动与感知形态	与老朋友联络 邻里关系 家庭关系 老字号店铺 社区文化活动 安全感

系,算出各评价因子的隶属度。例如调查结果表明,对于居住面积而言,2.4%的居民表示"很满意",8.8%的居民表示"满意",30.7%的居民表示"一般",32.8%的居民表示"不满意",25.1%的居民表示"很不满意",于是对居住面积因子可得到如下模糊评价向量:[0.024 0.088 0.307 0.328 0.251]。用同样方法得到其他 19 个因子的模糊评价向量后,得到另外 19 个模糊评价向量,随后将这些向量合并可得 5×20 的模糊关系矩阵 R。

$$R = \begin{bmatrix} 0.024 & 0.088 & 0.307 & 0.328 & 0.251 \\ 0.011 & 0.065 & 0.372 & 0.340 & 0.213 \\ 0.029 & 0.117 & 0.351 & 0.285 & 0.218 \\ 0.028 & 0.146 & 0.409 & 0.261 & 0.156 \\ 0.031 & 0.170 & 0.403 & 0.243 & 0.152 \\ 0.022 & 0.147 & 0.484 & 0.221 & 0.126 \\ 0.020 & 0.099 & 0.416 & 0.303 & 0.162 \\ 0.041 & 0.312 & 0.510 & 0.101 & 0.036 \\ 0.025 & 0.235 & 0.540 & 0.152 & 0.048 \\ 0.028 & 0.152 & 0.486 & 0.238 & 0.096 \\ 0.059 & 0.330 & 0.456 & 0.118 & 0.037 \\ 0.016 & 0.129 & 0.481 & 0.281 & 0.093 \\ 0.019 & 0.133 & 0.451 & 0.295 & 0.103 \\ 0.012 & 0.084 & 0.455 & 0.321 & 0.128 \\ 0.020 & 0.155 & 0.600 & 0.152 & 0.073 \\ 0.025 & 0.229 & 0.492 & 0.193 & 0.061 \\ 0.025 & 0.320 & 0.589 & 0.042 & 0.023 \\ 0.044 & 0.348 & 0.559 & 0.036 & 0.013 \\ 0.025 & 0.258 & 0.525 & 0.139 & 0.053 \\ 0.191 & 0.503 & 0.282 & 0.016 & 0.008 \end{bmatrix}$$

采用对比排序法,让居民从 20 个评价因子中选出最重要的 5 个并排序,据此赋予分值①。然后根据每个因子得分占所有因子总得分的比重,得出该因子的权数,即:$W_j = \sum_{i=1}^{n} k_{ij} / \sum_{i=1}^{n} \sum_{j=1}^{m} k_{ij}$②(表 7-2)。所有评价因子的权数在 U 上构成模糊向量:A=[0.095 0.081 0.103 0.075 0.070 0.085 0.041 0.041 0.011 0.034 0.054 0.031 0.046 0.030 0.012 0.017 0.021 0.004 0.113 0.035]。

---

① 赋分原则是:排在第一位 1 次得 5 分($k_{ij}=5$),第二位 1 次得 4 分($k_{ij}=4$)……依此类推,排在第五位 1 次得 1 分($k_{ij}=1$)。

② 式中各字母含义:i—第 i 名评价者;j—第 j 个评价因子;k_{ij}—第 i 名评价对第 j 个评价因子排位而得的分数;n—n 名评价者,等于有效样本数 361;m—m 个评价因子,等于 20;W_j—第 j 个评价因子的权重。

表7-2 社区满意度评价因子的综合权重及满意度得分

编号	评价因子	评语集的样本数					综合权重	平均满意度①
		1	2	3	4	5		
1	居住面积	21	76	264	282	216	0.095	3.694
2	建筑质量	9	55	315	288	180	0.081	3.679
3	室内日照	25	101	304	247	189	0.103	3.547
4	室内通风	24	125	349	223	133	0.075	3.370
5	噪音干扰	26	142	336	203	127	0.070	3.315
6	环境卫生	19	126	415	189	108	0.085	3.281
7	绿化	16	81	341	248	133	0.041	3.487
8	商业购物	34	260	425	84	30	0.041	2.779
9	老字号店铺	19	180	413	116	37	0.011	2.961
10	公共设施配套	23	123	394	193	78	0.034	3.221
11	交通出行	49	276	382	99	31	0.054	2.746
12	文化娱乐设施	13	103	385	225	74	0.031	3.305
13	体育锻炼设施	15	106	360	236	82	0.046	3.330
14	休憩场所	9	65	351	248	99	0.030	3.470
15	邻里交往空间	16	125	482	122	59	0.012	3.103
16	社区文化活动	20	183	393	154	49	0.017	3.036
17	邻里关系	21	265	487	35	19	0.021	2.717
18	与老朋友联络	35	277	445	29	10	0.004	2.626
19	安全感	21	214	435	115	44	0.113	2.936
20	家庭关系	158	417	234	13	7	0.035	2.148

借助模糊变换,采用矩阵乘法,可以得到模糊评价向量。具体方法为矩阵 A 点乘矩阵 R：B＝A·R＝[0.002 0.008 0.029 0.031 0.024]。对其进行归一化转换,让其几列的结果为[0.024 0.088 0.307 0.328 0.251],这与简单整体评价的结果[0.191 0.503 0.282

---

① 各因素通过5点量表打分,得分1~5分别表示不同的满意度:很满意(1);满意(2);一般(3);不满意(4);很不满意(5)。得分越低评价越高。

0.016　0.008]相比,负面评语的隶属度更高(表7-2)。

分析表明,居民对满意度评价的模糊结果偏低:其中,第四级评语的隶属度最大为0.328,表示32.8%的居民综合评价为"不满意";另有30.7%的居民评价为"一般",25.1%的居民评价为"很不满意";评语为"很满意"和"满意"的居民分别只占2.4%和8.8%。值得注意的是,由于模糊方法旨在凸现社区内部的"短板"问题,不宜与城市整体水平做简单比较。事实上,居民对本社区整体满意度评价的平均值为69.4(100为满分),这反映了模糊评价法凸显问题的敏感性。

7.1.2 社区问题识别

将标准化后的满意度和关注度①在二维坐标轴中标记,有助于识别社区规划中的关键问题。从这些因子分布来看,满意度与关注度大致负相关,并多集中于"高关注—低满意"和"低关注—高满意"两个象限中,这可能是导致社区满意度评价的模糊结果偏低的原因(图7-1)。具体来看,居民对最关注的居住面积、建筑质量、室内日照、室内通风、环境卫生

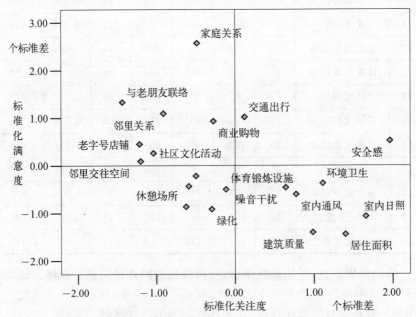

图7-1　评价因子在满意度与关注度二维度坐标系中的分布

---

① 标准化后的数据=(原始数据-平均值)/标准差。例如居住面积的满意度综合得分标准化后为1.406=(0.095-0.050)/0.032。

和噪音干扰等评价很低,而对不太重视的邻里关系、商业购物、老字号店铺和社区文化活动等反而很满意。因此,模糊评价法中运用,更能贴切地反映社区居民对于"良好社区形态"的理解和价值判断,也更具识别和诊断社区"短板"问题的敏感性。

据此,在规划实践中要提升社区形态和居民生活品质,应明确行动策略的优先级并采取不同的改善策略:(1)高关注—低满意的因子,是社区规划优先考虑的范畴,此类因子的改善对改善社区形态起到关键作用。(2)低关注—低满意的因子,因为单位投入带来满意度增加的边际收益较小,应采取针对性的渐进改善模式,而避免一次性大量投入产生的"事倍功半"浪费。(3)高关注—高满意的因子,是目前社区的优势所在,在社区未来发展中,应有意识的维持并加以强化。(4)低关注—高满意的因子,近期内可以暂不作为规划行动的重点但应避免社区环境的剧烈改变而显著减损居民的。

其中,在关注度方面,安全、日照和居住面积是居民最关注的三个因子。关注度体现了居民对该因子的重视程度,以因子权重来测度。居民对治安安全、居住条件和自然环境等方面较重视,关注度最高的是安全感(权重为 0.113,下同)、室内日照(0.103)和居住面积(0.095)等三个因子。治安和安全是西方社区研究持续关注的热点之一(胡仁禄,马光,1995),在规划设计中通常强调空间的"可监视"、"可防御"性,避免出现死角以防犯罪。而在胡同社区中即使有较好的邻里监视,出于传统院落防护的天然不足,居民仍认为安全是居住品质的关键。另外,住房条件也很受关注,由于不同拥挤度和朝向的平房舒适程度迥异,"安居"成为良好社区形态的先决条件。

而在满意度方面,居民最不满意的是居住面积、建筑质量、游憩场所、绿化等方面。满意度体现了居民对该因子的满意水平,由选择"很满意"到"很不满意"等五个评语的人数比率,乘以赋值[①]相加而得。分析结果显示,满意度为负的因子有 13 个,表明社区现状存在很多方面尚不能满足居民对社区的期望。数据显示,居民在居住条件方面的满意水平最低,尤其对居住面积(-0.694),建筑质量(-0.679)和室内日照(-0.547)等因子最不满意。同时,居民在社区社会环境方面的评价也较低,如绿化、噪音、环境卫生、文体设施和游憩场所等,这反映了社区社会环境形态方面也尚不能达到居民理想生活品质的期望。

---

① 赋分原则是:很满意(2),满意(1),一般(0),不满意(-1),很不满意(-2);得分越高满意度越好。

7.2 社区规划的目标确定

在识别社区存在问题的基础上,社区再生规划的下一步依据即根据科学方法确定社区规划的发展目标。在交道口的案例中,本文采取主成分分析方法来进行目标的识别。

社区发展目标的确定,应基于社区多元主体对共同社区价值的认可,达到发展目标的一致性。在社区尺度的规划中,除了传统规划中强调的经济增长,更应当基于社区主体的共同利益,由经济增长的单一目标向社区全面发展的社会、就业、环境、公平、宜居等多元目标转变。

由于各个不同规划主体的利益不尽相同,将辅以主因子分析的客观法确定规划目标中应重点关注的方面。主成分(principal components)分析方法最早可以追溯到皮尔森(Karl Pearson)于1901年开创的非随机变量的多元转换分析;霍特灵(Hotelling,1933)将其推广到随机变量的分析。主成分主要是研究如何通过少数几个由原始变量构成的主要分量来描述或解释多变量的方差—协方差结构特征。进行主成分分析,可以了解数据结构和变量之间的关系,据此拣选主要变量为回归分析做准备。

为了明确规划目标,简化变量的数量以及理解变量之间的关系,进行问卷涉及变量的主成分分析。利用SPSS软件中的因子分析(factor analysis)结果显示,KMO值为0.666(>0.6),比较适宜进行主成分分析。选取三个特征根的情况下,主成分得分的方差和累计百分比如表7-3。

表7-3 因子分析的主成分得分和累计百分比

主成分	主因子得分和累计百分比		
	总体得分	% of 方差	累计百分比(%)
1	7.455	13.079	13.079
2	3.114	5.464	18.543
3	2.805	4.921	23.464

在主成分载荷矩阵中,每一列载荷值都显示了各个变量与有关主成分的相关系数,因此可以将这些变量归到三类主因子上。在下表中,第一主因子为社区居民感知因子;第二主因子即社区社会环境和居民日常活动因子;第三主因子即个人和家庭属性因子(表7-4)。这三类主因子提取后,不仅可以为社区多维发展目标的确定提供参考,同时也有助于将这

些变量归类并选择有代表性的变量,而进行后续的多层次回归分析和空间回归分析。

表 7-4　因子分析的主成分载荷矩阵①

	主因子载荷		
	第 1 主因子	第 2 主因子	第 3 主因子
文化娱乐设施的评价	0.814	−0.017	0.042
体育锻炼设施的评价	0.811	0.038	0.014
公共设施配套的评价	0.805	−0.012	0.008
休憩场所的评价	0.79	0.069	−0.042
社区文化活动的评价	0.718	−0.049	0.003
绿化的评价	0.689	−0.004	−0.039
邻里交往空间的评价	0.68	0.057	0.003
商业购物的评价	0.674	−0.016	0.151
邻里关系的评价	0.654	−0.024	−0.088
老字号店铺的评价	0.649	0.027	0.115
交通出行的评价	0.643	−0.064	0.158
综合评价的评价	0.59	−0.093	0.014
与老朋友联络的评价	0.583	−0.062	−0.009
环境卫生的评价	0.55	−0.158	0.035
安全感的评价	0.525	−0.172	−0.06
家庭关系的评价	0.419	−0.056	−0.008
性别	0.14	−0.057	−0.061
休闲娱乐设施的距离	0.114	0.067	−0.008
教育程度	0.106	0.078	−0.068
希望留居不动	−0.184	−0.75	0.058
迁居意愿	0.176	0.7	0.026

① 在此表中,最浅的灰色对应的变量代表第一主因子,稍微深一些的灰色对应的变量代表第二主因子,最深的灰色对应的变量代表第三主因子。

续表 7-4

	主因子载荷		
	第 1 主因子	第 2 主因子	第 3 主因子
希望改建后回迁	0.127	0.581	−0.144
到锻炼设施的时间	−0.053	0.446	0.119
到休闲娱乐设施的时间	−0.096	0.438	0.019
朋友人数	−0.058	−0.367	0.204
院子总住户	−0.011	−0.316	−0.028
希望外迁	0.093	0.294	0.11
日常活动范围	0.009	0.294	0.129
说出几个名字	0.076	−0.291	0.245
亲戚人数	−0.038	−0.259	0.065
工作日外出时长	−0.112	−0.22	−0.018
到休闲娱乐设施的时间	0.002	0.186	−0.144
每天外出次数	0.024	0.13	0.124
休闲娱乐活动的花费	−0.034	−0.108	0.09
休闲娱乐设施_的距离	0.017	0.086	0.084
有固定收入	−0.051	0.082	−0.01
休闲娱乐的目的	−0.032	0.039	−0.003
家庭总月收入	−0.09	0.144	0.672
锻炼的每周次数	−0.113	−0.076	0.521
家庭月支出	−0.076	0.162	0.52
每次休闲娱乐的持续时间	−0.013	−0.164	0.519
个人月收入	−0.042	0.134	0.456
每次锻炼的持续时间	0.013	0.372	0.452
打招呼的人数	0.081	−0.264	0.38
每周休闲娱乐的次数	0.099	−0.288	0.367
锻炼是否有陪伴	0.071	0.025	−0.356
住房面积	−0.086	−0.168	0.29

续表 7-4

	主因子载荷		
	第 1 主因子	第 2 主因子	第 3 主因子
家中同住成员	−0.071	0.138	0.267
每周购物的次数	−0.046	0.261	0.262
年龄	0.045	0.122	0.246
家里几口人	0.029	−0.085	0.18
休闲娱乐的花费	0.006	0.003	−0.156
休闲娱乐设施的距离	0.048	−0.011	−0.138
休息日外出时长	−0.027	0.021	0.123
锻炼设施的距离	0.042	0.101	0.12
通勤单程距离	−0.047	−0.009	−0.097
通勤单程耗时	−0.026	0.09	−0.094

参照上述主因子分析中提取的因子,社区规划的目标应是多元化的,而不应仅对应经济增长这个规划通常强调的单一目标。具体来说,可持续的社区规划目标可以围绕以下几个维度展开:(1)以民为本。以社区居民的生活品质作为基本出发点,提升他们在邻里生活中的满意度,并从居住、就业、服务等方面为他们提供生存和发展途径。(2)形态良好。维护和营造良好的社区物质形态和社区社会形态,维护现有内城胡同社区的历史文化氛围,创建宜居的社区空间。(3)社区资本。充分动员社区社会资本,发挥社区网络的支撑作用,激发社区的自生能力和可持续的维护能力,使社区居民可以找到合适的就业岗位,获得稳定的经济来源。(4)合作参与。在兼顾公平和效率的基础上,由规划师引导,营造政府、社区居民、驻区企业单位和非政府组织充分对话合作的多元规划参与机制。

在明确了社区发展的总体目标后,规划者可以引导社区成员通过价值评估调查,进一步将这些目标具体化、明确化为规划策略,并选取切实的操作工具,来保证这些规划目标的实施。

7.3 社区规划的工具选择

在社区规划的目标确定之后,规划者还需要选取恰当的规划工具来实现这些目标。在这一环节中,通过测试选取有效的规划工具是十分重要的。传统计划经济体制下的城市规划,强调按照技术流程和规范编制出一套全面而详细的规划策略,这些策略通常包括人口规模预测、经济和产业发展、用地布局和空间、道路交通、景观绿化、基础设施等方面。然而，却在应用这些规划工具的同时，过于注重技术性，而忽视了规划本身作为政策工具的属性。事实上，规划工具的有效性与应用的尺度、地方特质和外界环境有着密切联系，在这些前提条件改变的情况下，对一些地方有效的规划工具，在另外一个地方很可能失效。

在交道口的案例中，将通过 ANOVA 分析和多层次线性模型（HLM）来讨论在邻里层次和居民个体层次中，那些变量将会对居民的社区满意度指数产生更大的影响，从而为拣选有效的社区规划工具提供依据。

7.3.1 邻里层次变量的影响

本书将用 ANOVA 分析和多层次线性模型（HLM）法来检测拟选规划工具的有效性。本书中进行 HLM 模型分析时，选取社区满意度指数（neighborhood satisfaction index）作为因变量，这个指数采取模糊评价法的综合得分而计算得出，从而考虑了评价因子的不同重要性。社区满意度指数（neighborhood satisfaction index）越高，表示满意度越好。这种方法将诸多自变量划分为两个层次：第一层次即邻里层次变量，包括：院子或单元总住户、说出几个名字、朋友人数、打招呼的人数等。第二层次即居民个体层次变量，包括：年龄、性别、家庭月收入、家庭成员数量、住房面积、工作日外出时长、每天外出次数、每周锻炼次数、每周休闲娱乐次数、每周休闲购物次数（表 7-5）。

这样划分的目的是，第一层变量描绘了社区社会环境形态，这些变量共同决定了社区满意度，然而这些变量却是规划者无法直接作用的。例如，规划者没有办法控制一个既有院子中有居住多少户居民，也没办法影响他们知道名字、打招呼和朋友的数量。而第二层变量是规划者可以通过规划工具进行调整的，例如通过制定优惠的迁移政策，鼓励何种年龄、收入和家庭规模的老住户迁出和新住户迁入，通过改变社区物质环境形态而直接让居民外出时间、次数增加或者减少，通过增添休闲、锻炼和购物设施而改变居民休闲、锻炼和购物的频率。

表 7-5 HLM 模型中的自变量描述

	自变量	变量	单位或分类	平均值	标准差
第一层次自变量	院子或单元总住户	X_1	户	18.79	22.68
	说出几个名字	X_2	人	4.03	9.27
	朋友人数	X_3	人	5.77	5.68
	打招呼的人数	X_4	人	11.37	11.51

续表 7-5

	自变量	变量	单位或分类	平均值	标准差
第二层次自变量	年龄	W_1	岁	53.73	12.92
	性别	W_2	1=男,0=女		
	家庭月收入	W_3	元/月	18.79	22.68
	家庭成员数量	W_4	人	3.26	1.14
	住房面积	W_5	m²	36.61	26.66
	工作日外出时长	W_6	小时	8.39	3.15
	每天外出次数	W_7	次	2.15	1.43
	锻炼_周次数	W_8	次	3.45	3.58
	休闲娱乐_周次数	W_9	次	2.30	2.07
	购物_周次数	W_{10}	次	3.30	2.13

对第一层次的回归结果表明,对于邻里层次变量来说:

$$Y=-0.574+0.021X_1-0.025X_2+0.102X_3-0.087X_4$$
$$(0.116)\quad(0.717)\quad(0.028)\quad(0.023)$$

回归结果显示,院子或单元总住户越多,居民的满意度越高(β=0.021,t=0.116)。虽然回归结果不是十分显著,但是总体上显示了多家庭的院子或住宅单元,比单一家庭院落(Single Family Courtyard)中居住的满意度要高;这支持了西方新城市主义理论中,不提倡单一家庭住宅(Single Family House)的理念(Bookout,1992c)。另外,说出几个邻居的名字这个变量不显著,这与在西方研究中,发现能说出越多邻居名字,邻里满意度也就越高的结果不同(Miles and Song,2010)。这可能与中国内城传统邻里的文化习惯有关,在访谈中显示,被访者虽然知道那些居住了十几年或者几十年邻居的敬称(对长辈)或者昵称(对平辈和晚辈),但是却不知道他们确切的姓名——通常在中国文化中,直呼姓名是不礼貌的。

此外,"朋友人数"和"打招呼的人数"两个变量都对满意度有显著的影响。其中,邻里中朋友的人数越多,社区满意度也越高,这与西方邻里满意度研究(Huston, Evenson, and Bors et al.,2003)和中国生活质量调查的研究结果一致(李凌江,张亚林,1995;Raudenbush,2003)。而邻里中打招呼的人数越多,反而社区的居住满意度越低,这与西方大多数关于社会环境和邻里满意度关系的研究结果不同(Raudenbush,2003)。这可能由于仅仅会见面"打招呼"的邻居,并不能成为交往深入的"朋友",从而形成促进个人交往和个人满意度的社区社会资本——事实上,考虑到中国文化与西方文化的差异,在北京内城邻里非常熟识的朋友见面会免去打招呼的繁琐,而直接进入谈话主题;或者也会用地方特有的方式"吃了吗?""下班了?"等寒暄代替西方式的"您好(Hello)!""早上好(Morning)!"等打招呼(表7-6)。

表7-6 社区满意度的第一层次回归结果

自变量	变量	单位或分类	回归系数(B)	Sig
第一层次自变量	$R^2=0.089$, $DW=1.255$	0.043		
常数	Constant	—	−0.574	0.171
院子或单元总住户	X_1	户	0.021	0.116
说出几个名字	X_2	人	−0.025	0.717
朋友人数	X_3	人	0.102	0.028
打招呼的人数	X_4	人	−0.087	0.023

7.3.2 居民个体层次变量的影响

进行两层次回归的意义在于,第二层次的个体变量会通过第一层次的邻里变量的作用,间接地对社区满意度指数产生影响。因而,找出第二层次变量与第一层次变量的对应作用关系就十分重要。

在上述第一层次的回归中,通过结构方程模型(AMOS)的相关系数检验判定,变量X_1(院子或单元总住户)是由第二层变量中的W_5(住房面积)和W_9(休闲娱乐_周次数)决定的;变量X_3(朋友人数)是由第二层变量中的W_6(工作日外出时长)、W_8(锻炼_周次数)和W_9(休闲娱乐_周次数)决定的。此外,在第二层变量中,还有一些不与第一层变量发生关系的个人和家庭属性变量,它们是W_1(年龄)、W_2(性别)、W_3(家庭月收入)、W_4(家庭成员数量)。此外,W_7(每天外出次数)和W_{10}(购物_周次数)与几个第一层次变量的关联都不显著(表7-7)。

第二层次的回归显示(表7-7),对于变量X_1来说,住房面积与院子或单元总户数呈现出显著正相关关系($\beta=0.299, t=0.01$)。这可能是因为传统内城邻里的住户数量通常在几户到十几户之间,而在住户超过20户的院落通常属于原来保护较好的多进四合院,房间面积较大;或者是属于多高层现代住宅楼,它们按照较高的人均居住面积进行设计。此外,每周休闲娱乐的次数与院子或单元总户数也呈现出正相关关系($\beta=1.251, t=0.394$)。这说明如果居民的休闲娱乐频率更高,就越有可能居住在住户数比较多的院落或者单元中。

表 7-7 社区满意度的第二层次回归结果之对院子总住户

自变量		变量	单位或分类	回归系数(B)	Sig
第一层次自变量 $R^2=0.131$, DW=1.457	院子或单元 总住户	X_1	户		0.026
第二层次自变量	常数	—	—	5.657	0.039
	住房面积	W_5	m^2	0.299	0.010
	休闲娱乐_周次数	W_9	次	1.251	0.394

对于变量 X_3 来说,工作日外出时长与朋友人数呈正相关关系($\beta=1.148, t=0.073$),这说明非周末时间在家中驻留时间较少的居民,拥有更多的朋友数量;而非周末时间待在家里的时间越长,朋友的数量越少。与一般经验结论相反的是,每周锻炼次数与朋友人数也呈负相关关系($\beta=-1.033, t=0.102$)。而每周休闲娱乐的次数同样与朋友人数呈正相关关系($\beta=3.556, t=0.003$),并且相关性显著(表7-8)。这表明体育锻炼等物质活动和休闲娱乐等社会活动是相互替代的互补关系,社会活动越多,通过朋友人数反映的社会网络越致密;然而考虑到个体的总体空闲时间有限,物质活动越多,就更加没有时间进行朋友之间的联络。这一结论提供了很有价值的启示,即规划者如果仅仅为社区提供锻炼设施而不积极营造宜人的邻里交往空间,是不足够构建良好的社区社会网络的。

表 7-8 社区满意度的第二层次回归结果之对朋友人数

自变量		变量	单位或分类	回归系数(B)	Sig
第一层次自变量 $R^2=0.294$, DW=1.834	朋友人数	X_3	户		0.012
第二层次自变量	常数	—	—	-9.099	0.157
	工作日外出时长	W_6	m^2	1.148	0.073
	锻炼_周次数	W_8	次	-1.033	0.102
	休闲娱乐_周次数	W_9	次	3.556	0.003

此外,考虑到第二层次中的其他变量如 W_1(年龄)、W_2(性别)、W_3(家庭月收入)、W_4(家庭成员数量)等个体家庭属性变量,以及 W_7(每天

外出次数)和 W_{10}(购物_周次数)与第一层变量关联较弱,在规划工具选择环节暂不考虑。

7.3.3 两层次变量的综合影响

如上所述,将多层次线性模型(HLM)的两层次回归进行合并,即可反映一组数据嵌套在另外一组数据中的现象。在交道口的案例中,即反映了个体层次变量通过影响邻里层次的变量,最终对社区满意度的影响。再次强调,进行多层次回归的目的,是因为虽然第一层次变量直接影响社区满意度,但由于这些变量是规划者不可控制的;只能通过对第二层次变量涉及的规划工具,间接改善居民的社区满意度。

对第一层:$Y = -0.574 + 0.021X_1 - 0.025X_2 + 0.102X_3 - 0.087X_4$
$\qquad\qquad\qquad (0.116)\quad (0.717)\quad (0.028)\quad (0.023)$

对第二层:$X_1 = 5.657 + 0.229W_5 + 1.251W_9$
$\qquad\qquad\qquad (0.010)\quad (0.394)$

$X_3 = -9.099 + 1.148W_6 - 1.033W_8 + 3.556W_9$
$\qquad\qquad (0.073)\quad (0.102)\quad (0.003)$

将两层模型合并,结果为:

$Y = -0.574 + 0.021(5.657 + 0.229W_5 + 1.251W_9) - 0.025X_2 + 0.102(-9.099 + 1.148W_6 - 1.033W_8 + 3.556W_9) - 0.087X_4$

$Y = -1.384 + 0.005W_5 + 0.117W_6 - 0.105W_8 + 0.388W_9 - 0.025X_2 - 0.087X_4$

这个综合两层次的回归方程表明:首先,在第一层次上,适当鼓励多家庭居住形式,相对单一家庭院落有助于社区满意度的提高;鼓励形成致密的社区社交网络,增加朋友数量,也有助于社区满意度的提高。其次,在第二层次上,提高休闲娱乐等社会交往频率最能贡献于社区满意度的提高(0.388),鼓励居民在非周末时间走出家门(0.117),提高家庭居住面积(0.005)也可以增加社区满意度。

同时,这个综合的回归结果的实践启示在于,由于院子或单元总住户数确实会影响社区满意度,因而基本规划单元的实施尺度可以选择为院落层面。其次,这个多层次回归模型的理论启示在于,只改善社区的物质形态,为居民提供更多参与物质性活动的机会,是不足够提升社区居民的居住满意度的;因此,具有良好物质形态的社区,不一定具有良好的社会形态,从而提升居民的社区满意度。

本章的讨论旨在通过科学分析方法阐明社区再生的依据。传统城市规划在小尺度上常常关注对经济的拉动或是对物质空间的改造,而从城市形态的视角出发,本书尤其强调社区再生应以提升居民的感知和满意度为根本。本章首先通过居民满意度调查,应用模糊评价方法,识别出一些社区尚存问题:居民对社区居住面积、建筑质量、游憩场所、绿化等方面满意度较低,同时,对环境卫生、文体设施和游憩场所等的满意度评价也不高。其次,通过主成分分析,明确社区发展目标应包含以民为本、形态良好、社区资本与合作参与等四个维度。最后,通过两层次线性回归分析,发现多家庭居住形式,提升居民娱乐休闲等交往的机会,鼓励居民走出家门参与社区活动更有助于形成社区的社交网络。这些分析,使社区再生规划与居民日常生活和感知更加贴近,将为下文中社区再生实践的展开提供依据,从而最终提升社区居民的生活品质。

8 社区再生的实践

上一章通过识别社区存在的问题、明确社区发展目标以及选择规划工具,阐述了社区再生的规划依据,本章将以这些依据为基础,根据城市形态理论,通过社区中的公众参与和合作,实现社区的可持续再生。

值得关注的是,在社区再生实践中,公众参与和合作十分重要。社区规划虽然在小尺度上进行,却是与居民生活关系最紧密、最能产生直接影响的。因此,只靠规划师、设计师和建筑师是不足以创造出良好的社区物质和社会环境的,还要充分发动社区自身的力量,通过广泛的公众参与和社区合作,提升居民的社区满意度,同时改善社区成为宜居的家园①。

本章中仍基于交道口的案例,阐述传统街坊社区再生的模型:根据前文分析的结论,在这个社区再生规划模型中,除了传统的"物质性影响"直接作用(图8-1,左上),更加强调"社会性影响"的间接作用(图 8-1,右

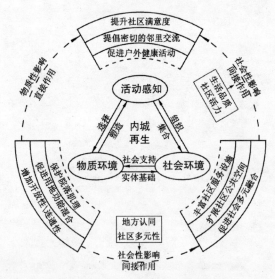

图 8-1 以社区形态理论为基础的传统街坊社区再生模型

---

① 以下社区规划的再生实践部分,基于在 2006 年 3 月到 2007 年 3 月期间,北京大学城市规划设计中心与北京市东城区交道口街道办事处的合作项目《交道口街道社区发展规划(2006—2020)》的过程总结梳理而得,规划范围为交道口街道下属的全部十个社区,这个规划在 2007 年夏到 2008 年夏之间在该街道的社区中实施。

上)。仅仅在规划策略中强调物质环境更新是不够的,要同时通过创造和谐的社会环境并且关怀社区居民的活动和感知,才能从根本上提升社区的生活品质,实现社区再生(北京大学城市规划设计中心,北京市东城区交道口街道办事处,2007)。这个规划模型将应用于包括交东社区、菊儿社区在内的交道口街道内的全部居委会社区。

8.1 社区再生的规划背景介绍

交道口街道的绝大部分辖区属于北京市历史文化保护区范围之内,目前仍是北京市历史文化保护区中街巷格局最完整、历史遗存最丰富、文化内涵最浓厚的高品位传统街巷区之一,下辖10个社区居委会。出于独特的区位优势,从20世纪90年代开始,这个地区从来不缺乏"规划"——事实上,有各种旨在保护历史景观、发展地方经济与改善商业立面的规划先后展开,这些规划大多关注物质空间层面的保护与提升。

如前所述,1980年代末到1992年在北京市政府的支持下,交道口街道下辖的菊儿胡同进行了"修旧如旧"的新四合院改造。这个全市的试点项目在创新性地引入"新四合院"的物质环境更新模式,并且获得当年"联合国人居奖"的同时,也仍存在很大争议。主要的争议集中在认为更新后破坏了原有的邻里交往氛围,以及过高的政府财政支持方面。同样在交道口街道内,土儿社区从1995年到2003年起陆续进行改造,采取大规模更新的方式改造成为6层到12层的集合单元住宅楼,并更名为交东社区。交东社区的更新也引来批评,认为改造后住房变得不可支付而赶走了原先社区内的居民,邻里变得冷漠和失去地方感。鉴于这两种更新方法引来的争议,交道口街道的政府官员希望通过另外的方式来实现社区再生的目标,具体来说,就是通过街道范围的规划,站在社区的立场,来改善社区的物质环境和社会环境,并最终提升居民的生活品质。

在中国的行政管理中,街道只是地方政府的派出机构,他们很少有动力做自己的规划——通常规划都是以市、市辖区的规划部门来组织编制和实施的。然而,在转型期中越来越多的社会职责开始下放到街道和社区,例如协调地方发展、监督部门运作、改善公共服务、指导社区建设、监督社会安全、稳定社会秩序、创造宜居环境和促进社区和谐。而在进入21世纪初期,交道口街道进行社区尺度的城市规划的初衷,在于平衡北京市政府"加速危旧房改造"名义下的大规模更新,和东城区政府"十一五规划"中对于促进商业发展目标下的各种商业街改造。交道口街道的官员认为,鉴于菊儿社区和交东社区更新方式存在的争议,无论是"大规模更新"还是"商业街改造"都是与社区本身的利益相互冲突的。这样,不如选择由街道来组织编制社区尺度的规划，来对抗转型期出现的邻里关系冷漠、不同收入阶层隔离、缺乏公共交往空间、缺少户外健康活动以及邻里交往等问题。

在这种初衷之下，交道口街道的官员选择了北京市某大学的规划团队来展开社区再生规划（北京大学城市规划设计中心，北京市东城区交道口街道办事处，2007）。这个大学的规划团队来自事业单位而非盈利组织，对传统街坊社区再生的问题也非常感兴趣。这个规划开始于2006年年初，完成于2007年中，经历了一年多的时间。其中，多元合作的机制和公众参与的过程成为这个社区再生规划的特色，开敞式的工作方式也成为与其他规划不同之处之一。选择大学背景的规划团队，主要考虑其观点和运作机制相对独立，并没有带着上级政府的偏好或者其他商业目的。

8.2 多元参与的合作机制与合作过程模型

区别于传统计划经济体制下的规划，社区规划要应对的问题就是快速的变化，对于长达10年甚至20年的规划期来看，规划者的理性思维预测是有限的。此外，对于相当地方化的规划来说，规划者通过短期的调研对社区的理解和认识也是有限的（Healey，1996）。在地方尺度的规划中，要形成良好的社区形态，应充分发挥社区本身蕴含社会资本网络（social capital network）的支持作用。因而，社区规划需要通过多元参与的合作机制，发挥各个参与群体的知识和贡献。在规划策略制定之前，明确合作框架和流程是非常必要的。

从参与的视角出发，社区规划可以视为通过多元参与途径在社区范围内有效利用各种资源，平衡多方主体的利益，基于合作框架制定公平、可理解并有支持保障的规划策略，以此使多元主体尽可能分享社区发展带来好处的过程。从这一点来看，它强调规划展开的过程而非最终图面和文字结果。与传统的由上而下的行政规划途径不同，社区规划特别突出以下特征：

（1）地方性（locality）：充分的地方化，采取社区自身的地方价值体系，最终的规划成果才能得到社区各主体的认同，并具有付诸实施社区基础。地方性的特征表明，每个社区都有独特的特性，在充分认识、理解和分析地方特性之前，不能把一个统一的规划流程从一个社区套用到另外一个社区。

（2）可辩护性（defensible）：社区多元主体的利益都得到合理表达，并通过求同存异的商议逐渐达成一致，调节各自的期望而结成共识。可辩护性的特征表明，规划本身是具有弹性的，已经从寻求理性上的"最优方案"，转向了寻求参与主体都能认可的"满意方案"。

（3）社会指向性（social-care）：关注社区中的社会问题，提倡在物质空间环境的基础上,突出人文关怀和社会责任感。社会指向性的特征表明,规划者的责任和义务不仅在于为社区创建良好的物质环境,保护地方传统风貌,更要关注社区中实际的社会问题,营造良好的社区社会环境和邻里氛围。

识别社区中存在的参与主体,并了解他们对社区发展的愿望和掌握的资源非常关键。在交道口的案例中,社区中存在的主体为地方政府(local government)、当地居民(local resident)、企业单位(SOEs and private company)以及非政府组织(图8-2)。

其中,当地居民是在社区朝夕生活的主人,受环境变化的影响最为敏感,因此成为社区规划中最应该关注的关键角色。社区规划首先应该了解他们的需求,倾听他

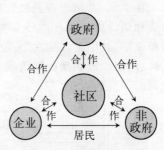

图 8-2 以居民为核心的社区多元主体合作框架

们对社区未来发展的希望——当然,社区规划的实施离不开社区居民的支持,下文将结合案例说明,虽然中国与美国社区委员会的"投票决议"方式不同,然而社区居民也会采取"用脚投票"的方式支持或者拒绝规划的实施。

地方政府,在本书中主要指街道办事处。在中国的环境下,街道办事处作为区政府的派出机构,其职能已经不仅局限于计划经济时代的信息"上传下达",而涉及人口、经济、税收、市容环境、治安与综合治理、公共服务、社会福利等各个方面,并且具有一定的财政预算,也能说服上级政府下拨更多的投资来促进某个方面的发展。在社区规划中,地方政府最重要的功能在于,通过联系居民自治组织"居委会",它可以将社区规划中的各个参与主体组织到一起,提供他们交流的平台。

企业单位包括社区范围内的商业组织,其中一些是与社区紧密结合的地方商业(local business),也有一些只是在社区空间范围内而与社区没有直接的关系,比如一些中央企业、市属企业等。尤其是大型企业单位,通常掌握着社区中有吸引力的资源,但是这些资源却不一定能与社区共享。非政府组织(NGO)在社区中的作用逐渐发挥,这些组织的使命在很多方面与社区发展有着相同的利益。他们需要社区提供更多元化和宽容的空间,以实现与社区共同发展。在资源提供方面,这些非政府组织可能不具备很充足的资金和物质性资源,但却具有基于地方的致密网络(network)和社会资本(social network)。

在建立了多元主体参与的合作框架后,将社区规划的过程步骤固定下来也是不可缺少的环节。北美的社区规划实践经验也表明,规划过程本身越清晰明朗,公众参与越能更好发挥作用,最后实施效果也通常越令人满意(Ackoff,1991)。在社会学的研究中,也强调建立"行动过程模型"

的重要性,提出合作的阶段性成果要及时落实到下一阶段的行动中,否则"规划所带来的变化会忽然消失,这要归咎于没有经过认真制定的具体步骤来保证系统各部分之间的合作(Bennis,1993)"。

在本章中,结合内城社区地方特性,将合作行动各阶段的内容、参与形式和期待成果等具体环节明确为"三层次—九阶段"的合作型社区规划过程模型,其中,"三层次"分别指认识层、决策层和操作层,涵盖了从认识社区、协商决策到实施评价等三个逐渐深入的层次,而"九阶段"更为具体地刻画了规划过程(图8-3)。

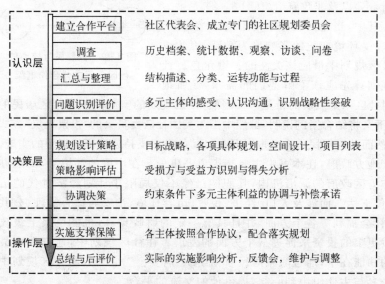

图8-3 合作型社区规划的过程模型

首先,在认识层中,经过建立合作平台、调查、汇总与整理、问题识别评估等四个阶段,社区的概况和诸多要素逐渐明晰,多元主体的诉求得到表达,现存问题和矛盾也凸现出来。这个阶段的意义不仅在于从规划师的视角发现问题,而是尝试从地方的视角来评估这些问题,并考察这些问题的敏感程度。

其次,在决策层中,基于以上对社区的认识和理解形成规划设计策略。通过分析影响地方发展的因子,提炼规划目标,并且将规划目标细化为具体策略。对这些策略的影响进行预评估以及多元主体参与的决策协调,将有助于充分预计规划给社区带来的变化,并通过公开商议途径尽量提高利益调节的公平性。

最后,在操作层,建立各种支持保障机制将决策成果付诸实施。这个阶段同时也是测试规划工具选用的过程,即看哪些规划工具对这个社区可以起到有效的影响。最后,在总结与后评价阶段中进行必要的修正,这将保证多元主体更多的分享到社区发展的益处。

需要注意的是,在这个过程模型中规划者并不是采取"权威"的支配姿态,而是通过识别评价、影响评价和后评价等三个阶段,不断吸取社区意见并进行谨慎的审视,激发社区多元主体参与其中。此外,这个过程模型并不是严格线性展开的,在有重要补充信息或是外界突变因素的情况下,可以返回到前面的阶段,呈现出螺旋上升的发展趋势。

8.3 合作方式作为社区之本

在西方城市中,传统上将民意调查(public-opinion poll)作为民主政治的重要环节(梅尔霍夫,2002)。随着公众参与思想在我国城市规划领域不断渗透,公告和听证会逐渐成为表达公众意愿的主要方式。然而,按照奥斯汀的"参与阶梯"模型,公告和听证会仅停留在告知(informing)层面,并没在社区成员之间进行实质性的信息交流和沟通,社区成员的意愿更没有被有效地吸纳在社区规划中。因此,社区规划的合作方式,即规划各个阶段的参与者、任务和对话方式应被明确规定(表8-1),这将对达到和谐、公平的目标具有至关重要的影响。

首先,社区规划中的合作过程提倡权利和责任的对等,提倡"广泛参与"但避免无序而有损效率。在交道口的案例中,社区合作者的范围按照上述规划过程模型,参与各阶段的特征为:(1)在规划初期的远景目标确立需要社区主体的共同参与。(2)规划中期专业技术性较强的工作和一些协调组织工作移交给规划者和地方政府,但邀请特定群体提出意见并不断进行小规模沟通和反馈。(3)在规划后期,面对多种备选规划策略,决策优选和最终实施又需要社区主体的共同商讨和支持。

表8-1 合作型社区规划的合作者任务和参与对话方式[①]

规划阶段和步骤		参与对话方式	引导者	参与者			
			规划团队	社区居民	政府	企业单位	非政府组织
规划前期	(1)拟定社区发展远景	◎		●			
	(2)确定社区价值量化指标体系	◎	○	●	●	●	●

① 说明:在此表中,●表示主要作用;○表示辅助作用;◎面对面,社区全部主体参与;∞背靠背,社区全部主体参与;⊙与政府核心人员沟通协作;▽规划者在工作室独立工作。

续表 8-1

规划阶段和步骤		参与对话方式	引导者	参与者			
			规划团队	社区居民	政府	企业单位	非政府组织
规划合作期	(1) 建立合作平台	◎		○	●	○	○
	(2) 调查与数据采集	∞		○	●	○	○
	(3) 资料汇总与整理	▽	●		○		
	(4) 问题识别与评估	∞⊙	○	●	●	○	○
	(5) 规划设计策略	▽	●				
	(6) 策略影响分析	∞		○	●	○	○
	(7) 优选与决策协调	⊙	○	●	●	●	●
	(8) 实施支撑保障	◎		●	●	○	○
	(9) 总结与后评价	∞	○	●	●	○	○

其次，社区规划中的参与对话方式也是差异多样的，鼓励"公开透明"的同时保护信息原真性、隐私权。因为有些信息采集时为了屏蔽其他干扰，采取"背靠背"方式反而更有效。例如，在征求商户关于南锣鼓巷禁止停车的意见时，单独访谈商户比政府人员在场的情况更能使其畅抒己见。交道口案例中的参与对话方式包括：(1)"面对面"的多主体参与，适用于规划前期拟定社区发展远景以及指标体系阶段，规划师应引导社区成员进行求同存异的对话，并在合作的氛围中结成共识。(2)"背靠背"的多主体参与，适用于数据采集、问题识别与评估、策略影响分析、总结与后评价等阶段，规划师应注重单独面对社区成员时保护其隐私。(3) 与政府核心人员沟通，主要应用在问题识别与评估、优选与决策协调等阶段，这将有助于规划师和地方政府一起将协商结果以行政公文的方式确定下来。(4) 规划者在工作室独立工作，适用于资料汇总和形成规划设计策略等强调专业技术的阶段。

再次，社区规划过程中规划者不仅提供技术，也兼具领导者的角色，他们并不支配整个过程。面对极为复杂的社区环境，规划者应秉持倾听者、协调者和辅助者的姿态，不断引导社区成员参与其中。规划者应认真记录和反馈他们的意见，并且协调社区多元主体之间的矛盾。交道口的经验表明，如果不从社区的实际出发而仅凭职业惯例臆断，规划成果就很难得到社区的认同。例如，在分析社区现状时，起初采取近来流行的SWOT（优势—劣势—机会—挑战）法。但是社区居民却认为这种方法含有很强的竞争色彩,把周边地区都假想成为"潜在对手",不符合"赢—赢"发展的和谐理念。基于此意见,规划者放弃了这种流行的分析法,而调整为有利条件和限制因素的分析,这一改进得到了社区多元主体的认可。

8.4 参与过程作为社区之器

城市规划的公共政策属性,决定了其具有调节社区内部利益分配的作用。因此在社区合作主体及合作方式明确之后,和谐的参与过程将为合作型社区规划提供有效的制度保障。从某种程度上来说,社区规划的过程比最终结果更加重要。在交道口的社区规划案例中,通过渐序参与、规划影响预评估和利益补偿等三种途径的运用来推动参与过程的和谐。

首先,符合中国城市行政管理体制的逐层"渐序参与",为社区规划的顺利实施提供了先决条件。由于街道办事处仅是区级政府的派出机构,缺乏独立的行政事权,及时与上级主管部门沟通,咨询策略的可行性、与其上位规划的兼容性就十分重要。得到他们的认可将对社区规划在施行时得到上级部门的政策和资金支持打下伏笔。需要注意的是,"渐序参与"并非忽视公平,而是考虑到如不能获得较上一级政府的资源支持,社区规划中所作的很多努力都将失去意义(表8-2)。

表8-2 合作型社区规划过程中的逐层顺序参与

层次	对象	参与内容
第一层	上级政府职能部门	由交道口街道的相关公务员和规划团队带着初步的成果向上级政府职能部门咨询意见,并获其支持
第二层	街道内部各科室	街道内部各科室商讨规划策略是否可以实际操作,在资金、人员组织方面需要保障的来源如何
第三层	社区居民	规划策略使哪些居民群体收益或受损,是否在他们可接受的范围之内受到认可
第四层	驻区企业单位	驻区企业单位是否愿意支持和配合这些策略,愿意让渡哪些集体资源和提供哪些帮助
第五层	社区中的社团和非政府组织	规划策略中的哪些是与社区中的社团和非政府组织的目标一致或冲突,可以在哪些领域进行协作

其次,对规划策略可能影响进行的预评估,保证了社区主体的损益可以充分预计,并在咨询和评估过程中获得他们的理解。例如,对夏季南锣鼓巷沿街商户户外出摊是否进行整治的讨论中,应用博弈论基本原理建立影响分析框架(表8-3),将规划策略集简化为"整治"与"不整治"。然后,按照损益影响程度的多指标打分法量化为(近期利益,长远利益),便

于后期据此进行最优规划策略选择。如果不加整治,在短期内政府和商家的利益不受到影响,然而由于交通不畅和户外的噪音,会干扰到居民和驻区企业单位;而在长期内,由于交通阻塞降低了社区品质,利益受损最多的是商家和居民,这使得短期和长期的利益平衡为(−2,−7)。而如果采取"整治",在短期商家的利益影响最大,政府也会因为整治而进行花费和补贴,然而这对于居民和驻区企业单位来说却是有益的;而从长期来看,各个参与主体都会受益于良好的社区环境,这样使短期和长期利益分别达到(−1.3,6.5)。这样的分析结果表明,采取"整治"策略,无论在短期还是长期都是有益于社区整体利益的。

表 8-3 基于博弈框架的规划影响分析

选择策略	政府	商家	居民	驻区企业单位	非政府组织	社区整体利益(前四项之和)
"整治"	(−1,0.5)	(−2,3)	(1,2)	(0.5,0.5)	(0.2,0.5)	(−1.3,6.5)
"不整治"	(0,−1)	(0,−2)	(−1,−2)	(−0.5,−1)	(−0.5,−1)	(−2,−7)

最后,利益补偿机制可以通过多轮协调和利益互让,不断趋近帕累托最优状态。合作型社区规划赋予各主体自由选择的空间,利益取舍、交换的过程即是迈向和谐的过程。这种利益补偿机制可以将计划经济下硬性分配导致的"死剩余(dead weight lost)"减少到最低。例如,在分配远期地下停车设施使用权的讨论中,如果按配额均摊,企业单位和个体经营者表示车位不够用,而居民反映地下停车费太高"配额指标"用不完。于是,为了获得更多的地下停车配额,企业单位将内部停车场的夜间使用权让渡给居民,个体经营者将在非高峰时为居民公益活动提供场所。这样,通过利益补偿机制,各主体实现了双赢社区发展利益分享(表 8-4)。

表 8-4 利益补偿机制在社区协商中的应用

	居民	企业单位	个体经营者
规划利益	政府出资提供未来的地下停车空间	—	—
初次分配	盈余	不足	不足
通过利益交换实现利益转移	让渡地下停车位的"配额"	让渡内部停车场的夜间使用权	让渡定时开放营业场所作为社区公共活动空间
分配结果的均衡	得到夜间停车位的便利和公共活动场所	得到一部分地下车位	得到一部分地下车位

8.5 实施评价作为社区之基

社区规划的实施,将和谐的成果从纸上变为现实。根据最初社区合作的先行备忘录,多元主体分别被赋予相应的职责和义务,并通过社区集体行动(collective action)而将规划成果付诸实施(表8-5)。与传统行政规划执行不同,合作型规划的实施是互动配合的:规划文本为集体行动的运作过程提供了指导,而集体行动又是对规划成果的肯定和促进。交道口的案例中,经过上文中提到的"三层次—九阶段"社区规划合作过程,社区成员已经对规划成果充分熟悉和认同。他们认为规划成果凝结着自身的贡献,蕴含了自己的希冀,而规划的实施提供了将理想变成现实的机会。

表8-5 规划实施中社区主体的职责和义务

社区主体	职责和义务
政府	说服上级政府提供优惠政策和资金支持,吸引外来投资者提供资金支持,在本级政府的预算约束内完成许诺的行动。宣传规划成果和进行社区教育
居民	通过志愿服务、社区照顾和放弃既定利益,参与社区规划的实施
企业单位	为社区提供资金、社会服务等方面的帮助
非政府组织	通过组织本身功能和社区规划赋予的附加功能的实现,为规划实施提供保障

最终,社区规划的后评价环节,将衡量规划的内容和实施结果是否达到社区和谐发展的总体目标预期。合作型社区规划的后评价具体包括:首先,通过实施前后社区环境变化、社区主体既得利益等客观指标考察规划是否给社区带来益处以及负面影响。其次,通过实施后社区主体的主观感受和评价,衡量他们的幸福感是否得到提升、社区的冲突矛盾是否得到缓解而趋向和谐。最后,召开定期和不定期的例会,针对社区中出现的新情况、新问题评估对规划内容进行必要的修正,通过"后评价—反馈—再评价"的维护性循环,不遗余力将社区的和谐坚持到底。对于有责任的规划者来说,合作型社区规划的"维护期"将是无限的。

本章以交道口为案例,以上文中的社区再生依据为基础,介绍了社区再生实践的过程。这个社区再生的规划模型提倡从以民为本等和谐理念以及全面发展的多元目标出发,寻求社区多元主体参与的协调合作机制。通过建立"三层次—九阶段"合作过程模型,明确社区主体在各阶段的任务和参与对话方式,突出顺序参与、规划影响预评估、利益补偿等具体手段在参与过程中的运用。最后,强调了通过社区集体行动将规划成果付诸实施,并注重规划后评价和反馈,维护和谐成果的可持续性。

在交道口的社区实践案例进展过程中,最为可贵的是地方官员和规划执行者开始意识到和谐发展的理念并不局限于发展经济……而体现在提升社区居民的生活品质、培养社区参与意识、社区责任感和邻里友爱互助精神等诸多方面。一年半的规划期对于传统的行政规划来说也许太长——甚至足够完成一个城市总规了。但社区成员却认为,还可以给他们更多的时间来思考、商讨和磨合,使社区再生实践向着更有益的方向展开。这也为城市规划领域中的小尺度规划提供了"第三条路",除了刺激经济和改造物质空间之外,社区中蕴含的潜力是无穷的,社区可以通过一种更具有参与性、合作性的方式实现可持续再生。

9 面向中国社区的未来

本书聚焦于转型期城市的社区形态变化。社区作为城市的基本组成单元,它形成城市空间转型和社会变迁在基层的投射;并且由于社区与城市居民日常生活息息相关,它也会对城市尺度的转型做出响应。

在进行转型期城市变化的研究时,社区成为理解转型期中国城市转变的一把钥匙:社区是一种空间,是城市中汇集居住、工作、休闲等城市功能交织所在,也成为满足人们日常生活基本需求的地方;社区是一段时期,承载着特定历史阶段的烙印,代表着日积月累重复固化的特定时代集体记忆;社区是一个建成模块(building block),任何发生在城市尺度的事情,都将在城市的基本建成模块——社区尺度得到最基层的响应;社区是一个市民赖以生存的家园,面临着转型期中的各种社会问题,社区更提供了致密的社会网络,使社区中的居民可以分享认同感和归属感;社区更是一种视角,通过透视社区变迁可以在城市空间转型的宏观层面和城市居民生活转变的个体层面之间架起一座桥梁。

本书采取全球的视角和比较的范式来剖析转型期中国社区形态的演变。一方面,采取全球视角的出发点在于,中国城市社区的形态同时受到两种力量的交织影响——传统计划经济体制下的遗存在一定时期内仍然存在,并没有因为改革到来而戛然而止。与中东欧国家中城市社区的转型路径进行对照,可以借鉴它们在制度变迁中于社区层面进行响应的经验和教训。与此同时,在转型期的中国也正在经历着前所未有的现代化、全球化过程,来自北美的新城市主义和精明增长运动中,对良好社区形态的追求也可以对中国规划者和政策决定者给予启示——可以通过社区层面城市形态的转变,应对 21 世纪面临的各种城市社会问题的挑战。

另一方面,采取比较的研究范式,其出发点在于社区形态的演变更加关注变化的过程,而对变化本身的捕捉离不开相对原型的"比较"。本书通篇三处在不同的维度上渗透着比较的视点:首先,第一处比较是以中东欧国家在苏联解体、面临"休克"转型中,城市中心以及传统工人阶级社区的衰退趋势,与美国克林顿政府以来在精明增长、可持续发展政策影响下,传统内城社区的再生与新城市主义社区的兴起趋势进行对照。这两种社区的走向,并非要对两种体制的优劣进行判定,而是说明无政府、无规划下不良的城市形态可能导致社区不再成为人们赖以生存的宜居家园,而通过规划塑造良好的城市形态可能会提升人们的整体生活品质。

参照之下,中国城市正处于社会主义转型的十字路口,这两种平行的情境都可能会出现:即不同于以往西方转型理论的研究者通常的结论,中国城市社区不仅不会不可避免的衰退,如果有适当的规划干预帮助塑造良好的城市形态,它还会向着"良好"的方向发展。

其次,第二处比较,是同一类型社区在不同时间跨度的对比。在传统街坊社区中,由于无法获得历史数据,采取同一地域单元中截取代表不同时期的空间截面的方式进行对比。选取北京市东城区交道口街道中的三个具有不同形态的社区:保持传统风貌的胡同社区,采取"修旧如旧"方式、更新后大体保持传统风貌的社区,现代式多高层住宅社区来对其社区形态的演变进行描述。结论显示,现代式多高层住宅社区虽然有着较好的社区物质环境形态,社会环境形态以及居民活动感知形态却表现不尽如人意;具有讽刺意义的是更新后大体保持传统风貌的社区,不仅社会环境形态以及居民活动感知形态与未更新的社区相比不具有优势,其社区物质环境形态也因门禁化、末端路的大量使用以及功能单一而下降。这对转型期中国规划者和政策制定者的启示在于,目前内城区流行的"修旧如旧"更新方式,用社区形态的视点来看可能是不能自圆其说的。

在单位社区中,为了突出横跨计划经济时期和社会主义转型期的对比,选取了北京丰台区同仁堂社区的案例,通过对比初建复产阶段(1973—1978年)、分区促产阶段(1979—1985年)、更新集约阶段(1986—1992年)以及开放转产阶段(1993—2006年)等四个时期的城市形态演变来理解单位社区的变化。结论发现,从计划经济时期到市场经济时期,单位社区发生了翻天覆地的转变,其空间演化趋势体现着城市转型的内在逻辑——从行政指令到市场力量的权力交接。在社区尺度上,经济运转模式的转变导致了一系列空间的响应:围墙上增开的大门提高了可接近性和通达性,通过活跃的边界"单位禁地"逐渐向公共开放;土地功能由仓储工业主导逐渐变为生产、生活多功能复合,并且分区严整的用地斑块也逐渐呈现出混合、细碎的马赛克变化;服务体系分化为生产、生活两类,生活服务设施的服务对象扩展到单位外部居民,并由集中成片的中心布局模式转为分散到沿街、沿边界的周边布局模式,同时高等级文娱休闲设施的发育提高了社区生活品质。

本书第二处对比,说明在转型期中社区居民的生活模式和感知评价所反映的生活品质,更多受到社区社会环境形态的影响作用。也就是说,即使社区物质上得到更新,如果社会环境形态反而恶化——面临着新出现的社会隔离、社会服务设施缩减或者私有化、社区公共交往空间被侵占,社区居民的日常活动也可向着更不健康的方向发展,他们对于社区的满意度评价也会相应下降。因此,要判定社区居民的生活质量究竟是变得更好或是更差,关键在于考察其社区社会环境形态的变化。

最后,通贯全书的第三处比较,是将传统街坊社区和单位社区的社区形态变化进行对比。值得关注的是,这两个社区的形成背景和社区本身的特征是截然不同的——单位社区是在计划经济时期,以苏联"社会凝结体"为原型而发展的,强调生产与生活功能的统一;而传统街坊社区形成于更久远的年代,带有历史肌理的特征,是以居住功能为主的。然而,即使这两类社区的"原型"和规划作用不同,它们的变化趋势却存在着相通之处。将传统街坊社区与单位社区的社区形态变化进行比较的目的,并不在于说明在转型期中哪种社区变得更好,或是哪种社区变得更不好——这种单纯的评判是没有意义的——而在于显示,在社区形态中,物质环境形态、社会环境形态与居民活动感知形态三者之间的变化关联。第三处比较的结论表明,通常来说,物质环境形态改善带来社会环境形态提升,随之居民活动感知形态也会转好——这固然是一个美好的故事,然而,前文的分析发现,即使将社区的物质环境形态进行改良,也不意味着一定就带来良好的社区社会环境形态,一定就会让社区居民具有更健康的活动和更高的社区满意度。

第三处比较,说明社区物质环境的改造并不一定能带来人们生活品质的改善和实现社区的可持续再生。在中国城市刚刚进入社会主义转型期时,规划者和政策制定者往往将注意力集中在塑造良好的社区物质环境形态上,认为这样可以自然而然地带来良好的社会环境形态和"改善人民生活"。这种规划思潮在20世纪90年代初期尤为突出。无论在内城还是郊区,大规模、大尺度更新项目的推行反映出了规划者和政策制定者的雄心壮志。然而通过本书的分析说明,这些对社区物质环境形态的塑造可能是一厢情愿的,并不能真正带来社会的融合以及人们生活品质的提高。因此,仍处于快速转型期中的城市规划者和政策制定者可以将关注点放在社区层面那些更细致、更深入、更体现人文关怀的环节上,通过调动社区的自生能力来促进社区形态进行良性的改变,实现可持续的社区再生。

基于这三处比较,本书的启示体现两个方面。首先,采取社区形态的理论对目前现有三种传统街坊社区更新策略进行审视和评价。其次,探讨了两种可能的社区再生途径,并且提出了合作型社区参与的规划模型。

总体上来看,通过交道口街道下属的三个社区的案例分析,表明即使具有良好的社区物质环境形态,也不意味着一定能形成良好的社区社会环境形态,社区居民的活动与感知还受到很多主观因素以及社会网络的影响。即"修旧如旧"的传统更新途径,不一定能创造形态良好的社区和提升社区居民的生活品质,因为它只考虑到了物质环境的改善这一个方面。

在同仁堂社区的案例中,表明社区形态的演变体现了市场力量的作用。转型期中的市场机制引导单位社区,由"生产型"的单位社区转变为和谐、幸福的"宜居型"的城市社区,扩展它对内对外的城市服务功能,服务于更多的城市居民,以此提升单位社区内外居民的生活品质——这体现了市场力量下的社区再生之路。

如果本书就此停止到第 5 章和第 6 章收尾,得到的结论将停留在理论层面,而第 7 章和第 8 章继续通过描述社区再生模型的实践,继续延伸第 5 章和第 6 章的内容,尝试探讨了中国特色的城市社区形态理论在规划实践中的应用。基于交道口街道传统街坊社区的案例中,第 7 章探讨了社区再生的规划依据,第 8 章尝试通过面向和谐、多元参与的合作型社区规划途径来进行社区再生的实践。在社区再生规划的模型中,仍然是围绕着社区形态理论中社区物质环境、社区社会环境以及社区居民活动与感知之间的关系而展开的。在这个模型中,修正了规划领域传统的理论——以"良好的物质环境形态"自然而然带来健康的居民活动和良好的居民感知——这个影响是物质性的直接作用。然而,由于在前文中证明了,"良好的物质环境形态"不一定带来"良好的社会环境形态",在这个模型中强调了社会性影响的间接作用,即:通过规划方式丰富社区服务设施、扩展社区公共空间和提升社区多元化来营造良好的社区社会环境形态;并同时作为中介因素,继续发挥社会性影响的间接作用而塑造良好的活动和感知形态,从而达到最终提升"生活品质"的目的(图 9-1)。

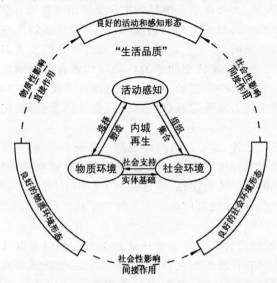

图 9-1 基于社区形态理论的社区再生规划模型

第 7 章和第 8 章的启示,同样在于阐述了这个社区再生的规划模型具体实施步骤。首先,引入多元参与的合作机制,将社区中的各种利益群体吸引到社区规划的议题中;通过社区规划过程模型的设计,引导这些多元群体分别在各阶段中发挥作用。其次,在参与性的合作框架中,可以通过协调各个群体的利益确定社区发展的最终目标,并且将目标分解为具体而可以操作的指标。再次,规划研究者可以通过数据分析,确定约束条件内对社区有效的规划工具,并提出具体到空间单元的公共政策。最后,依靠多元主体的合作,将这些规划政策实施到社区中,并注重规划后评价和反馈,维护和谐成果的可持续性。

这个社区再生的规划模型为城市规划领域中社区尺度的规划提供了借鉴——虽然各个社区的背景不同,然而认识到仅仅追求良好物质环境的规划策略不足以支持良好的社会环境、居民健康活动和感知这一点是十分重要的。未来的社区尺度规划将更着重通过更为综合的规划策略,注重通过促进良好的社会环境来最终提升人们的生活品质。

在本书的结尾,也应阐明本书的局限和不足。首先,本书是基于案例研究而得出的,然而,交道口和同仁堂的案例,只是中国城市成千上万的社区中的有限代表。案例研究进行外推时,必须采取谨慎的态度:这两个案例只是说明了中国城市社区形态演变的可能,并不代表所有社区形态的演变趋势。在今后的研究中,如果能选取更多的案例并将之根据社区形态演变的特征而分为不同的类别,将会更好地捕捉转型期中国城市社区形态演变的脉络。其次,本书将北美对于城市形态和社区形态进行测度的指标直接应用于中国城市,然而与美国数据公开状况不同,中国社区层面的数据难于获得。这就需要通过图件解译、整理,并在恰当的时候选取替代的指标进行测算——其中不免产生误差。在今后的研究中,作者希望通过努力建立适应中国社区的数据基础,通过数据和测度标准的统一为更多社区尺度的研究提供方便。第三,尽管同样有着对良好社区形态和生活品质的追求,转型期的中国城市社区可能面临着这个时期特有的更加紧迫的问题。例如,住房的可支付性、城市中心社区的停车、人口老龄化带来的医疗、全球经济不景气带来的失业与贫困,等等,这些中国在转型期中特有的问题,值得在今后的研究中予以特别的关注和重视。

尽管有着这些局限和不足,本书对转型期中国城市形态演化进行探讨的意义,不仅在于丰富融入中国经验的转型期理论,更在于借鉴西方城市形态理论,关注转型期中国城市社区演变对增进居民健康活动、交往提升生活品质和社会的多元融合的影响,从而使中国在城市规划领域关于"形态革命"浪潮中(Song and Knaap,2004),以更健康和可持续的方式增长。因而,本书的创新之处,主要体现为以下两方面:

其一，丰富了社区尺度的中国城市形态研究，尝试建立了从物质环境、社会环境和居民生活三个方面定量衡量社区形态的体系，丰富了社区尺度的中国城市形态研究。尝试从微观视角、社区视角的研究，以此剖析中国转型期城市形态的转变。在传统的研究关注社区物质空间环境的同时，更加关注社区的社会人文环境。

其二，试图总结中国城市社区再生过程的规划实践模型，探讨了促进社区和谐发展的规划途径。同时，将西方新城市主义运动和精明增长理念所强调的多元融合的社会目标以及对生活品质的追求，有选择地借鉴到转型期中国社区规划策略中，探讨能促进社区和谐氛围的规划途径。

改革 30 余年过后，中国仍处于快速转型期中。在此背景下转型期中的中国城市社区未来走向何处是值得规划者和政策制定者思考的问题。在中国快速发展的背景下，制定新一轮的城市发展政策时必须考虑到大量存在的、形成于历史时期以及计划经济时期的传统街坊社区和单位社区对城市空间的重要影响。

社区是城市构成的基本细胞。它之所以重要，是因为这个地域单元具有独特的物质和社会空间特征——它不仅具有重要的社会和经济意义，同时也是居民生活的家园。社区尺度发生的事情，很大程度上比城市尺度发生的事情对社区居民的影响更大。因此，当社区居民认识到真正有机会影响社区的未来时，就更有动力通过参与社区规划设计来保护自己的社区。可以预见，未来中国的城市规划，将逐渐由大尺度、以物质空间为主的规划转向小尺度、精细、体现社会与人文关怀的规划范式。

因而，社区规划将成为转型期中国城市规划的重要环节。通过社区再生规划过程，社区成员可以真正参与到规划过程中，意识到应该负担起维护社区和谐的责任，从消极的被动接受者转变为积极的"自愿行动者"。这样，可以将房子变成住所，把坊巷变成邻里，也把社区变成生活所依的家园。同样，对于规划者和政策制定者来说，也应意识到社区中蕴含的潜力是无穷的，可以通过一种更具有参与性、合作性、民主性的社区规划方式走向可持续再生之路。虽然社区规划在我国城市规划工作中尚不多见，但相信随着 21 世纪"新城市主义"的思潮逐渐深入人心，城市规划学科的触角将开始充满人文关怀和对生活品质的关注，根植于转型期的中国城市社区。

附录：社区居民调查问卷

北京市×××区×××社区居民状况调查

说明：本调查不要求填写您的姓名，请打钩选择，对您的支持与协助表示最真诚的感谢！

1. 您的年龄：_____岁；性别（请选择一项打钩）：A 男　　B 女；
   您的教育程度：A 本科及以上　B 大专　C 高中、中专　D 初中　E 小学　F 小学以下；
   您现在的家庭住址：_____。

2. 您家庭的现住房建于_____年；您从_____年开始在此居住；
   房屋取得来源：A 祖传继承　B 亲戚朋友空房　C 单位分房　D 市场中介　E 自换房；
   产权类型：A 公房　B 单位自管房　C 私房　D 租借房（无产权）；
   月租金：_____元或_____元/m²；
   您所居住的院子里一共居住_____户，其中60岁以上的老人_____位，15岁以下的少年儿童_____位；
   您可以说出临近_____个院子里的绝大多数人的名字；其中邻近_____个院子里的人您会见面打招呼；
   其中您认为比较谈得来、经常互访的朋友有_____位；附近邻居中与您多少带点亲戚关系的有_____户。

3. 您家庭住房面积_____m²，其中正房_____间（可填0），厨_____间，厕_____间，杂物棚_____个；
   现有加建房（非正房、不进入房管统计面积的，包括厨厕、库房、煤棚等）共_____间，约_____m²；
   您个人住的房间：_____m²，共_____人居住；
   朝向：A 东　B 西　C 南　D 北　E 其他朝向；
   您卧室还住有（可多选）：A 无　B 配偶　C 儿女　D 孙辈　E 其他人（请注明_____）。

您家中同住的家庭成员共_____位,其中最高学历为_____,最年长者_____岁,有固定收入的_____人;

家庭成员中有_____(请选择)的共_____位:A 下岗　B 失业　C 提前退休　D 正式退休;

家庭领取_____(请选择)等共_____元:A 最低生活保障　B 下岗补贴　C 失业保险　D 养老保险　E 退休费;

家庭现在的总月收入_____元,家庭月基本生活开销_____元;您个人月收入为_____元。

4. 您所居住的房屋上一次大修或改建是在_____年;一般平均_____年大修或改建一次;

您进行的内装修有(可多选):A 无　B 铺砖　C 刷墙　D 吊顶　E 改结构　F 其他_____(请注明);

您的如下生活基础服务功能的月均花费及提供地点或方式为:

上下水(_____元/月):A 家中　B 院内　C 院外胡同内(约_____米)　D 胡同外(约_____m);

厕所(是/否有马桶):A 家中　B 院内　C 院外胡同内(约_____米)　D 胡同外(约_____m);

停自行车(共_____辆):A 无　B 院内　C 院外胡同内(约_____米)　D 胡同外(约_____m);

停汽车(_____元/月):A 无　B 院内　C 院外胡同内(约_____米)　D 胡同外(约_____m);

洗澡(_____元/月):A 家中　B 院内　C 院外胡同内(约_____米)　D 胡同外(约_____m);

取暖(_____元/月):A 煤炉、土暖气　B 空调　C 电取暖　D 集中供暖;

做饭(_____元/月):A 煤炉　B 液化气罐　C 燃气管道　D 其他(请注明_____)。

5. 您一般工作日_____点离家,_____点回家,共外出_____小时;休息日共外出_____小时;

您一般每天外出_____次,外出最常用的交通方式是(可选择多项):

A 步行　B 自行车　C 公交车　D 地铁/轻轨　E 摩托车　F 出租车　G 私人汽车;

您上班上学地点离家约为_____m,单程耗时_____分钟,交通方式是(选项同上,可多选)_____;

您除上班上学外,活动范围主要在(请选择一项打钩):
A 家中   B 院内   C 胡同内   D 胡同外(离家大概为_____m);
您的全家人中,各种交通方式的使用人数(请在相应选项后填写人数):
A 步行____   B 自行车____   C 公交车____   D 地铁/轻轨____   E 摩托车____
F 出租车____   G 私人汽车____。

6. 您每周外出进行早操、散步、练功、打拳等体育锻炼的平均次数是_____次,每次
_____分钟;
上述活动主要在(请选择一项打钩):A 胡同内   B 街坊内空地   C 街边绿地
D 公园;
该地离家约为_____m,单程耗时_____分钟;您习惯的锻炼方式为:A 独自
B 与别人一起。

7. 您每周参加群体性的休闲娱乐活动(如不参加请跳过此题)平均次数是_____
次;每次持续_____分钟;
主要活动的内容是(可多项)_____;
活动地点主要在:A 自家或别人家   B 公共活动室   C 院内空地   D 胡同内
E 街坊/街边   F 公园;
该地离家大概为_____m,单程耗时_____分钟,每次大概花费为_____元;
您参加群体性活动主要为了:A 兴趣爱好   B 结识新友   C 老朋友交流   D 修养
陶冶   E 打发空闲。

8. 您每周平均外出购物_____次,从家到该地单程耗时_____分钟,每次大概
花费为_____元;
您家购物常去买菜、日用品的超市或市场、早市的名称是_____;
上述地点离家大概为_____m;它的位置是:A 胡同内   B 胡同外街坊内   C 街
坊外
或您家经常去的流动商贩地点是_____;主要购买_____物品;离家大概为
_____m;
您购物时所用的主要交通方式是(请选择一项打钩):
A 步行   B 自行车   C 公交车   D 地铁/轻轨   E 摩托车   F 出租车   G 私人
汽车。

9. 您对现在居住环境的评价是(请您给每一项打分)：

标准	编号	评价因子	评价等级				
		内容	A	B	C	D	E
居住条件	1	住房面积	□很满意	□满意	□一般	□不满意	□很不满意
	2	建筑质量	□很满意	□满意	□一般	□不满意	□很不满意
	3	室内日照	□很满意	□满意	□一般	□不满意	□很不满意
	4	室内通风	□很满意	□满意	□一般	□不满意	□很不满意
	5	噪音干扰	□很满意	□满意	□一般	□不满意	□很不满意
	6	环境卫生	□很满意	□满意	□一般	□不满意	□很不满意
	7	绿化	□很满意	□满意	□一般	□不满意	□很不满意
公共设施	8	商业购物	□很满意	□满意	□一般	□不满意	□很不满意
	9	老字号店铺	□很满意	□满意	□一般	□不满意	□很不满意
	10	公共设施配套	□很满意	□满意	□一般	□不满意	□很不满意
	11	交通出行	□很满意	□满意	□一般	□不满意	□很不满意
	12	文化娱乐设施	□很满意	□满意	□一般	□不满意	□很不满意
	13	体育锻炼设施	□很满意	□满意	□一般	□不满意	□很不满意
居住氛围	14	休憩场所	□很满意	□满意	□一般	□不满意	□很不满意
	15	邻里交往空间	□很满意	□满意	□一般	□不满意	□很不满意
	16	社会文化活动	□很满意	□满意	□一般	□不满意	□很不满意
	17	邻里关系	□很满意	□满意	□一般	□不满意	□很不满意
	18	与老朋友联络	□很满意	□满意	□一般	□不满意	□很不满意
	19	安全感	□很满意	□满意	□一般	□不满意	□很不满意
	20	家庭关系	□很满意	□满意	□一般	□不满意	□很不满意
对现有住房的综合评价			□很满意	□满意	□一般	□不满意	□很不满意

在上述20个选项中，您认为最重要的前5个选项依次为(请填序号)：_____

10. 您现在从事的行业_____(如机械制造、零售、IT等)，职业(请选择)
_____；
A 工人 B 领导干部 C 教师和科研人员 D 企业技术人员
E 企业中层以上管理人员 F 企业一般管理人员 G 商业工作者 H 服务业工作者
现工作单位性质(请选择)_____，工作地点_____；
A 党政机关 B 事业单位 C 国有企业 D 集体企业 E 外资企业 F 民营企业 G 合资股份制 H 个体业主
您过去曾经从事过的行业(可多项)_____。

11. 无论您是否从事过相关工作,在闲暇时间您是否具有以下爱好:
   A 曲艺弹评　B 民乐弹奏　C 舞蹈/秧歌　D 书法篆刻　E 绘画雕刻
   F 诗词文艺　G 花草园艺　H 观赏宠物饲养　I 打毛衣/做衣服　J 打木/作家具
   K 手工艺(如中国结、竹编、做旗袍、刺绣等可多项,请注明):＿＿＿＿＿＿＿＿;
   L 拿手特色好菜(包括小吃等可多项,请注明):＿＿＿＿＿＿＿＿＿＿＿＿;
   M 改装修补技艺(如家电、缝纫等,请注明):＿＿＿＿＿＿＿＿＿＿＿＿＿;
   N 体育(空竹、踢毽、太极拳、球类等请注明):＿＿＿＿＿＿＿＿＿＿＿＿;
   O 其他(请详细说明):＿＿＿＿＿＿＿＿＿＿＿＿＿＿＿＿＿＿＿＿＿。

12. 如果您有机会搬迁,您希望将来:
   A 继续留住此处　B 改建回迁　C 搬到郊区新房　D 搬到就近二手房　E 其他
   (请注明＿＿＿＿＿＿＿＿＿＿＿＿＿＿＿＿＿＿＿＿＿＿＿＿＿＿＿＿＿)
   您迁居时(是/否,请打钩选择)留恋故地?　如果是,主要原因是(请选择,可多选):＿＿＿＿＿＿＿＿＿＿＿＿＿＿＿＿＿＿＿＿＿＿＿＿＿＿＿＿;
   A 上班近　B 小孩上学方便　C 居住环境熟悉　D 购物求医方便
   E 老街坊朋友多　F 祖传房屋　G 安全性好　H 其他(请注明＿＿＿＿＿＿)

13. 如果有机会并有相当的收入,您是否愿意将来以全职或兼职的任意方式,从事旅游相关行业:
   A 非常不能接受　B 不愿意　C 无所谓　D 愿意　E 非常乐意
   如您并不反对,并有可观利润,您愿意从事哪些具体的经营种类(可多选,请在选项后打钩):＿＿＿＿＿＿＿＿＿＿;
   A 餐饮小吃　B 茶社　C 酒吧　D 咖啡馆　E 旅游纪念品销售　F 旅游纪念品加工制作　G 康体保健　H 美容美发　I 旅游交通服务　J 文艺活动表演　K 社会化旅店　L 四合院参观(允许游客进自家院子)　M 家庭接待(提供茶水、简单的食品)　N 家庭式旅店(留宿)　O 旅游解说　P 旅游管理策划　Q 旅游宣传和广告　R 其他(请注明＿＿＿＿＿＿＿＿＿＿＿＿＿＿＿＿＿＿＿＿＿＿＿)
   如有丰厚的收入补偿,您愿意:A 出租房屋　B 一次性补偿搬迁　C 搬迁后逐年分红　D 都不
   如您对本社区旅游发展有反感,原因是(可多选,请在选项后打钩):
   A 干扰正常生活　B 本地安全性下降　C 隐私得不到保障　D 噪音　E 游客与居民争夺有限设施　E 旅客破坏环境　F 旅游的收入不稳定　G 对孩子影响不好　H 不愿因旅游业发展而搬迁

14. 您对现在社区中的生活环境主要的感受是(请自由填写)：

15. 您对社区生活环境在规划中主要的希望是：

再次对您的协助表示感谢！

参考文献

[1] 安德鲁·沃尔德.1991.关于中国城市中工作单位制度的经济社会学研究[J].国外社会,5:26-32.

[2] 阿瑟·梅尔霍夫.2002.社区设计[M].谭新娇,译.北京:中国社会出版社.

[3] 北京大学城市规划设计中心,北京市东城区交道口街道办事处.2007.交道口街道社区发展规划(2006—2020)[R].

[4] 柴彦威,张纯,陈零极.2008.单位制度变迁:透视中国城市转型的重要视角[J].世界地理研究,3.

[5] 柴彦威,张纯.2009.地理学视角下的城市单位:解读中国城市转型的钥匙[J].国际城市规划,24(5):2-6.

[6] 陈彦光,黄昆.2002.城市形态的分形维数:理论探讨与实践教益[J].信阳师范学院学报,15(1):62-67.

[7] 陈志成.2001.从"单位人"转向"社会人"——论我国城市社区发展的必然性趋势[J].温州大学学报,3.

[8] 段进.1999.城市空间发展论[M].南京:江苏科学技术出版社.

[9] 段进.2003.城市形态研究与空间战略规划[J].城市规划,27(2):45-48.

[10] 范炜.2003.单位用地割据——当前城市管理中面临的难题[J].城市规划汇刊,6:76-78.

[11] 谷凯.2001.城市形态的理论与方法——探索全面与理性的研究框架[J].城市规划,25(2):36-42.

[12] 贺业钜.1985.考工记营国制度研究[M].北京:中国建筑工业出版社.

[13] 胡仁禄,马光.1995.老年居住环境设计[M].南京:东南大学出版社:5-20.

[14] 胡兆量,王恩涌,韩茂莉.2000.中国社会发展及其地理背景[M].北京:人民教育出版社.

[15] 姜世国,周一星.2006.北京城市形态的分形集聚特征及其实践意义[J].地理研究,25(2):204-212.

[16] 李汉林.1993.中国单位现象与城市社区的整合机制[J].社会学研究,5:23-32.

[17] 李凌江,张亚林.1995.社区人群生活质量研究——Ⅱ方法学及社区人群的总体生活质量[J].中国心理卫生杂志,4:186-190.

[18] 李路路,李汉林.2000.中国的单位组织[M].杭州:浙江人民出版社.

[19] 李猛,周飞舟,等.1996.单位——制度化组织的内部机制[J].中国社会科学季刊(香港),秋季卷:89-108.

[20] 李远行,陈俊峰.2007.城市居住空间分化与社区交往——基于南京市东山新区个案的实证研究[J].开放时代,4.

[21] 林炳耀.1998.城市空间形态的计量方法及其评价[J].城市规划汇刊,3:42-46.

[22] 路风.1989.单位:一种特殊的社会组织形式[J].中国社会科学,1:71-88.

[23] 路风.1993.中国单位制的起源与形成[J].中国社会科学季刊(香港),冬季卷:66-87.

[24] [美]刘易斯·芒福德.2004.城市发展史——起源、演变和前景[M].宋俊岭,倪文彦,译.北京:中国建筑工业出版社.

[25] [美]简·雅各布斯.2005.美国大城市的死与生[M].金衡山,译.南京:译林出版社.

[26] 彭穗宁.1997.市民的再社会化:由"单位人"、"新单位人"到"社区人"[J].天府新论,6:49-53.

[27] 韦亚平,赵民.2006.都市区空间结构与绩效——多中心网络结构的解释与应用分析[J].城市规划,30(4):11-16.

[28] 王恩涌.2000.人文地理学[M].北京:高等教育出版社.

[29] 吴缚龙.1992.中国城市社区的类型及其特质[J].城市问题,5.

[30] 吴缚龙,马润潮,等.2007.转型与重构——中国城市发展的多维透视[M].南京:东南大学出版社.

[31] 杨宽.1993.中国古代都城制度史研究[M].上海:上海古籍出版社.

[32] 杨晓民,周翼虎.1999.中国单位制度[M].北京:中国经济出版社.

[33] 张昌娟,金广君.2009.论紧凑城市概念下城市设计的作为[J].国际城市规划,24(6):108-117.

[34] 张纯,柴彦威.2009.中国城市单位社区的空间演化:空间形态与土地利用[J].国际城市规划,24(5):28-32.

[35] 张纯,柴彦威,陈零极.2009.从单位社区到城市社区的演替:北京同仁堂的案例[J].国际城市规划,24(5):33-36.

[36] 张庭伟.2008.转型期中国的规划理论和规划改革[J].城市规划,32(3):15-24.

[37] 郑莘,林琳.2002.1990年以来国内城市形态研究述评[J].城市规划,26(7):59-64.

[38] Ackoff R L. 1991. Creating the Corporate Future: Plan or be Planned for[M]. New York: John Wiley.

[39] Alexander C. 1977. A Pattern Language: Towns, Buildings, Construction[M]. New York: Oxford University Press.

[40] Andrusz G, Harlo M, Szelenyi I. 1996. Cities after Socialism[M]. Oxford: Blackwell.

[41] Angel S, Parent J, et al. 2011. Making Room for a Planet of Cities[R].

Cambridge: Lincoln Institute of Land Policy.

[42] Appleyard D. 1981. Livable Streets[M]. Berkeley: University of California Press.

[43] Arnorld C. 1992. An Introduction to Hierarchical Linear Models[J]. Measurement and Evaluation in Counseling and Development, 25(2): 58 – 70.

[44] Benfield F K, Raimi M D, et al. 1999. Once There were Greenfields: How Urban Sprawl is Undermining America's Environment, Economy and Social Fabric[M]. New York: Natural Resources Defense Council.

[45] Bennett R J. 1998. Local Government in Postsocialist Cities[M]//Engedi G. Social Change and Urban Restructuring in Central Europe. Budapest: Akadémiai Kiadó: 35 – 54.

[46] Bennis W. 1993. Beyond Bureaucracy: Essays on the Development and Evolution of Human Organization[M]. San Francisco: Jossey-Bass.

[47] Berey K. 1997. Utopia and Reality—The Example of Two Housing Estates in Budapest[J]. Münchener Geographische Hefte, 76: 203 – 216.

[48] Bertaud A, Renaud B. 1997. Socialist Cities Without Land Markets[M]. Journal of Urban Economics, 41: 137 – 151.

[49] Berube A, Tiffany T. 2005. The Shape of the Curve: Household Income Distributions in U. S. Cities, 1979—1999[M]//Berube A, Katz B, Lang R E. Redefining Urban and Suburban America: Evidence from Census 2000. Vol Ⅱ. Washington, DC: Brookings Institution Press: 195 – 243.

[50] Bjorklund E M. 1986. The Danwei: Socio-spatial Characteristics of Work Units in China's Urban Society[J]. Economic Geography, 1: 19 – 29.

[51] Blakely E J, Snyder M G. 1997. Divided We Fall, Gated and Walled Communities in the United States[M]//Ellin N. Architecture of Fear. New York: Princeton Architectural Press.

[52] Blasius J, Friedrichs J, et al. 2007. Introduction: Frontiers of Quantifying Neighbourhood Effects[J]. Housing Studies, 22(5): 627 – 636.

[53] Bogdanov A A. 1923. A Short Course of Economic Science[M]//Fineburg. Trans. London: Labor Publishing Company.

[54] Bookout L W. 1992a. Neotraditional Town Planning: A new Vision for the Suburbs[J]. Urban Land, 51(1): 20 – 26.

[55] Bookout L W. 1992b. Neotraditional Town Planning: Cars, Pedestrians, and Transit[J]. Urban Land, 51(2): 11 – 15.

[56] Bookout L W. 1992c. Neotraditional Town Planning: Bucking Conventional Codes and Standards[J]. Urban Land, 51(4): 18 – 25.

[57] Borsdorf A, Hidalgo R, Sánchez R. 2007. A New Model of Urban Development in Latin America: The Gated communities and Fenced Cities in the Met-

ropolitan Areas of Santiago de Chile and Valparaíso[J]. Cities, 24(5): 365-378.

[58] Brade I, Herfert G, et al. 2009. Recent Trends and Future Prospects of Socio-spatial Differentiation in Urban Regions of Central and Eastern Europe: A Lull Before the Storm[J]. Cities, 26(5): 233-244.

[59] Bray D. 2005. Social Space and Governance in Urban China: the Danwei System from Origins to Reform[M]. Stanford: Stanford University Press.

[60] Brenner N. 1997. State Territorial Restructuring and the Production of Spatial Scale: Urban and Regional Planning in the Federal Republic of Germany, 1960-1990[J]. Political Geography, 16(4): 273-306.

[61] Brenner N, Theodore N. 2003. Spaces of Neoliberalism: Urban Restructuring in North America and Western Europe[M]. Oxford: Blackwell.

[62] Burawoy M. 1994. The End of the Sovietology and the Renaissance of Modernization Theory[J]. Contemporary Sociology, 21(6): 774-784.

[63] Calthorpe P. 1993. The next American metropolis: Ecology, Community and the American Dream[M]. Princeton: Princeton Architectural Press.

[64] Canter D, Ress K A. 1982. Multivariate Model of Housing Satisfaction[J]. International Review of Applied Psychology, 32: 185-208.

[65] Centers for Disease Control and Prevention. 2005. Active Community Environments[R].

[66] Cervero R, Kockelman K. 1997. Travel Demand and the 3 Ds: Density, Diversity, and Design[J]. Transportation Research, 2(3): 199-219.

[67] Chai Y, Zhang C, et al. 2008. The Shift of Danwei System: An Important Perspective to Transition of Chinese Cities[J]. Word Geography Research, 3.

[68] City of Raleigh. 2009. Comprehensive Plan, Chapter on "Downtown"[EB/OL]. http://www.raleighnc.gov/portal/server.pt/gateway/PTARGS_0_2_138755_0_0_18/2030_Comp_Plan_Final_Version-Low_Res.pdf.

[69] Clifton K, Ewing R, Knaap G J, et al. 2008. Quantitative Analysis of Urban Form: A Multidisciplinary Review. Journal of Urbanism, 1(1): 17-45.

[70] Clifton K, Livi A. 2004. Gender Differences in Walking Behavior, Attitudes About Walking and Perceptions of the Environment in Three Maryland Communities[C]. Chicago Conference on Women's Issues in Transportation.

[71] Clifton K J, Livi-Smith A D, D Rodriguez. 2007. The Development and Testing of an Audit for the Pedestrian Environment[J]. Landscape and Urban Planning, 80(1-2): 95-110.

[72] Conzen M R G. 1960. Alnwick, Northumberland: A Study in Town-plan Analysis[R]. London: Institute of British Geographers Publication.

[73] Davis G, Roizen R. 1970. Architectural Determinants of Student Satisfaction

in College Residence Halls[M]//Archea CEJ. Environmental Design and Research Association. Pittsburgh: Carnegie Mellon University.

[74] de Souza Briggs X. 2005. The Geography of Opportunity[M]. Washington, DC: Brookings Institution Press.

[75] Dongcheng District Government. 2006. Introduction on Micro-cycle[M]. Beijing: Dongcheng District Government Press.

[76] Dongcheng Statistics Bureau. 2006. Dongcheng Statistics Year Book 2005 [M]. Beijing: Dongcheng Statistics Bureau Press.

[77] Downs A. 1979. Key Relationships Between Urban Development and Neighborhood Change[J]. Journal of the American Planning Association, 45: 462 - 472.

[78] Duany A, Plater-Zyberk E, Shearer R. 1992. Zoning for Traditional Neighborhoods[J]. Land Development, 5(2): 21 - 26.

[79] Durham C O. 2010. Durham Official Guide[EB/OL]. http://publications.ingagepub lication.com/DURHAMVISITORSGUIDE2010/digitalpublication.php#13.

[80] Eckardt F(ed). 2005. Paths of Urban Transformation[M]. New York: Peter Lang: 5.

[81] Elster J, Offe C, Preuss U. 1998. Institutional Design in Post-Communist Societies[M]. Cambridge: Cambridge University Press.

[82] Ewing R, Cervero R. 2001. Travel and the Built Environment: A Synthesis [J]. Transportation Research Record, 1780(1): 87 - 114.

[83] Ewing R. 2006. Identifying and Measuring Urban Design Qualities Related to Walkability[J]. Journal of Physical Activity and Health, 3: 223 - 240.

[84] Fang K, Zhang Y. 2003. Plan and Market Mismatch: Urban Redevelopment in Beijing During a Period of Transition[J]. Asia Pacific Viewpoint, 44(2): 149 - 162.

[85] Fassmann H, Lichtenberger E. 1995. Märkte in Bewegung: Metropolen und Regionen in Ostmitteleuropa[M]. Bohlau, Wien.

[86] Feng J, Chen Y. 2010. Spatiotemporal Evolution of Urban Form and Land-use Structure in Hangzhou, China: evidence from fractals[J]. Environment & Planning B: Planning & Design, 37(5): 838 - 856.

[87] Fisher J C. 1962. Planning the City of Socialist man[J]. Journal of the American Institute of Planners, 28: 251 - 265.

[88] Flanagan W. 2000. Urban Sociology: Images and Structure[M]. Boston: Allyn and Bacon.

[89] Frank L D. 2000. Land Use and Transportation Interaction: Implications on Public Health and Quality of Life[J]. Journal of Planning Education and Re-

search, 20(1): 6.

[90] French R A. 1995. Plans, Pragmatism and People: The Legacy of Soviet Planning for Today's Cities[M]. Pittsburgh, PA: University of Pittsburgh Press.

[91] French R A, Hamilton F E I. 1979. The Socialist City- Spatial Structure and Urban Policy[M]. Chichester: John Wiley.

[92] Friedmann J. 2005. Globalization and the Emerging Culture of Planning[J]. Progress in Planning, 64(3): 183-234.

[93] Fung K I. 1981. Urban Sprawl in China: Some Causative Factors[M]//Hanten. Urban Development in Modern China. Boulder: Westview Press: 194-220.

[94] Garvin A. 2003. The American City: What Works, What Doesn't[M]. New York: McGraw Hill.

[95] Galster G. 1987. Identifying the Correlates of Residential Satisfaction: An Empirical Critique[J]. Environment and Behaviour, 19: 539-568.

[96] Geddes P. The Proposed University for Central India at Indore[M]. Indore: Holkar State Printing Press, 1918.

[97] Gdaniec C. 1997. Reconstruction in Moscow's Historic Center: Conservation, Planning and Finance Strategies—the Example of the Ostozhenka District[J]. GeoJounal, 42: 377-384.

[98] Gifford R. 1997. Environmental Psychology: Principles and Practices[M]. Cranbury: Allyn and Bacon.

[99] Giles-Corti B, Donovan R J. 2003. The Relative Influence of Individual, Social and Physical Environment Determinants of Physical Activity[J]. Social Science and Medicine, 54:1793-1812.

[100] Glasze G. 2003. Bewachte Wohnkomplexe und die Europäische Stadt[J]. Geographica Helvetica, 4:286-292.

[101] Golubchikov O, Badyina A. 2006. Conquering the Inner-city: Urban Redevelopment and Gentrification in Moscow. The Urban Mosaic of Post-Socialist Europe: 195-212.

[102] Grisby W, Morton B, Duncan M. 1984. The Dynamics of Neighborhood Change and Decline[M]. Pennsylvania: University of Pennsylvania.

[103] Grogan P, Proscio T. 2000. Comeback Cities: A Blueprint for Urban Neighborhood Revival. Bolder: Westview Press.

[104] Harald L. 2003. Gated Communities in Indonesia[J]. Cities, 19(5): 341-350.

[105] Harloe M. 1996. Cities in the Transition[M]//Andrusz G, et al. Cities after Socialism. Oxford: Blackwell.

[106] Havey D. 1977. The Geography of Capitalist Accumulation: A Reconstruction

of the Marxian Theory[M]//Peet R. Radical Geography. Chicago: Maaroufa Press: 263-292.

[107] Healey P. 1996. The Communicative Turn in Planning Theory and Its Implication for Spatial Strategy Formulation[J]. Enviornmnet and Planning B: Planning and Design, 23: 217-34.

[108] Hess P M. 1999. Site Design and Pedestrian Travel[J]. Transportation Research Record 1674: 9-19.

[109] Hirt S, K Stanilov. 2007. The Perils of Post-socialist Transformation: Residential Development in Sofia[M]//. The Post-socialist City: Urban Form and Space Transformations in Central and Eastern Europe. K Stanilov. Springer, Dordrecht: 215-244.

[110] Holmes L. 1997. Theories of the Collapse of Communist Power. Post-Communism: An Introduction. L Holmes. Cambridge: Polity Press: 23-62.

[111] Huang Y. 2005. From Work-unit Compounds to Gated Communities: Housing Inequality and Residential Segregation in Transitional Beijing[M]//. Restructuring the Chinese City: Changing Society, Economy and Space. Wu. London: Routledge.

[112] Huston S L, K R Evenson, P Bors, et al. 2003. Neighborhood Environment, Access to Places for Activity, and Leisure-time Physical activity in Adiverse North Carolina Population[J]. American Journal of Health Promotion, 18 (1): 58-69.

[113] Hutton T. 2004. The New Economy of the Inner City[J]. Cities, 21(2): 89-108.

[114] Isolde Brade, Herfert Günter, Karin Wiest. 2009. Recent Trends and Future Prospects of Socio-spatial Differentiation in Urban Regions of Central and Eastern Europe: A Lull Before the Storm? [J]. Cities, 26(5): 233-244.

[115] Jacobs J. 1961. The Death and Life of Great American Cities[M]. New York: Random House Books.

[116] Jenner W J F. 1992. The Tyranny of History: The Roots of China's Crisis [M]. London: the Penguin Press.

[117] Jens M, E Burton, et al. 1996. The Compact City: A Sustainable Urban Form[M]. London: an Imprint of Chapman and Hall.

[118] Kiss E. 2003. Restructuring in the Industrial Areas of Budapest in the period of Transition[J]. Urban Studies, 39(1): 69-84.

[119] Kiss E. 2007. The Evolution of Industrial Areas in Budapest After 1989. The Post-socialist City: Urban Form and Space Transformation in Central and Eastern Europe after Socialism. K Stanilov. Netherlands, Springer. GeoJournal Library: 147-170.

[120] Kitamura R, Mokhtarian P L, et al. 1997. A Micro-analysis of Land Use and Travel in Five Neighbourhoods in the San Francisco Bay Area[J]. Transportation, 24: 125-158.

[121] Kolossov V, Vendina O, O'Loughlin J. 2003. Moscow as an Emergent World City: International Links, Business Developments, and the Entrepreneurial City[J]. Eurasian Geography and Economics, 43: 170-196.

[122] Kotus J. 2006. Changes in the Spatial Structure of a Large Polish City—The Case of Poznan[J]. Cities, 23(5): 364-381.

[123] Kovács Z. 1999. Cities from State-socialism to Global Capitalism: An Introduction[J]. GeoJournal, 49(1): 1-6.

[124] Kovács Z. 2006. Social and Economic Transformation of Historical Districts in Budapest[M]//Enyedi G A K, Pécs Z. Social Changes and Social Sustainability in Historical Urban Centres—The Case of central Europe: 34-69.

[125] Kovács Z, Wiessner R. 1997. Prozesse und Perspektiven der Stadtentwicklung in Ostmitteleuropa[M]. Passau: L. I. S. Verlag.

[126] Kwok R Y W. 1981. Trends of Urban Planning and Development in China [M]//Hanten. Urban Development Modern China. Boulder: Westview Press.

[127] Lü X, Perry E. 1997. Danwei: the Changing Chinese Workplace in Historical and Comparative Perspective[M]. New York: M. E. Sharpe.

[128] Leaf M. 1995. Inner City Redevelopment in China: Implications for the City of Beijing[J]. Cities, 12(3): 149-162.

[129] Leetmaa K, Tammaru T. 2007. Suburbanization in Countries in the Transition: Destinations of suburbanizers in the Tallin Metroplitan Area [J]. Geografisker Annaler, 2(89B): 127-146.

[130] Lefebvre H. 1968. Le droit à la ville[M]. Anthropos.

[131] Li S M, Siu Y M. 2001. Commodity Housing Construction and Intra-urban Migration in Beijing: An Analysis of Survey Data[J]. Third World Planning Review, 23(1): 39-60.

[132] Logan J, Molotch H. 1987. Urban Fortunes: The Political Economy of Place [M]. Berkely CA: The University of California Press.

[133] Low S. 2004. Behind the Gates: Life, Security and the Pursuit of Happiness in Fortress America[M]. New York, London: Routledge.

[134] Lower Manhattan Development Corporation. 2010. Fulton Corridor Revitalization Program[R].

[135] Lu D. 2005. Remaking Chinese Urban Form Modernity, Scarcity and Space, 1949—2005[M]. London, New York: Routledge.

[136] Lynch K. 1960. The Image of the City[M]. Cambridge: MIT Press.

[137] Ma L J C, Wu F L. 2005. Restructuring the Chinese City: Diverse Processes and Reconstituted Spaces[M]//Ma F. Restructuring the Chinese City: Changing Society, Economy and Space. London: Routledge Press.

[138] Marcuse P. 1997. The Enclave, the Citadel, and the Ghetto—What has Changed in the Post-fordist US City[J]. Urban Affair Review, 32(2): 228 - 264.

[139] Marshall T. 1996. Barcelona-fast Forward? City Entrepreneurialism in the 1980s and 1990s[J]. European Planning Studies, 4(2):147 - 65.

[140] McGarigal K. 2004. About Landscape Ecology[EB/OL]. [2004 - 01 - 01].

[141] Mehta V. 2007. Lively Streets: Determining Environmental Characteristics to Support Social Behavior[J]. Journal of Planning Education and Research, 27: 165 - 187.

[142] Mills E. 1992. Sectoral Clustering and Metropolitan Development. Sources of Metropolitan Growth. E. Mills and J. F. McDonald. New Brunswick, NJ, Rutgers Center for Urban Policy Research: 3 - 18.

[143] Miles R, Song Y, et al. 2010. Social Diversity and Construction era of Neighborhoods with Traditional Design Features: Portland and Atlanta Compared [J]. Journalof Urbanism, 3(1): 19 - 38.

[144] Nedovic-Budic Z. 2001. Adjustment of Plannning Practice to the New Eastern and Central European Context[J]. Journal of the American Planning Association, 67(1): 38 - 52.

[145] New Urbanism. 2003. Creating Livable Neighborhoods[EB/OL]. www.newurbanism.com.

[146] Nuissl H, Rink D. 2005. The "Production" of the Urban Sprawl in Eastern Germany as a Phenomenon of Post-socialist Transformation[J]. Cities 22(2): 123 - 134.

[147] Oseland N A. 1990. An Evaluation of Space in New Homes[C]. Turkey: Proceedings of the IAPS Conference Ankara.

[148] Paris D E, Kangari R. 2006. Multifamily Affordable Housing: Residential Satisfaction[J]. Journal of Performance and Constructed Facilities, 19: 138 - 145.

[149] Perry C A. 1929. A Plan for New York and Its Environs: Volume 7[M]. New York: New York Regional Planning Association.

[150] Petrović M. 2001. Post-socialist Housing Policy Transformation in Yugoslavia and Belgrade[J]. European Journal of Housing Policy, 1(2): 211 - 232.

[151] Polanska D. 2008. Decline and Revitalization in Post-communist Urban Context: A Case of the Polish City-Gdansk[J]. Communist and Post-Communist Studies, 41(3): 359 - 374.

[152] Potrykowska A. 1995. Restructuralization, Deindustrialization and Unemployment in Poland: Case study of Warsaw[J]. Geographia Polonica, 64: 19-36.

[153] Preisich G. 1969. Budapest városépítésének története[M]. Budapest: M″ uszaki Könyvkiadó.

[154] Putnam R D. 1995. Bowling Alone: America's Declining of Social Capital[J]. Journal of Democracy, 6(1): 65-78.

[155] Putnam R. 2001. Bowling Alone: the Collapse and Revival of American Community[M]. New York: Simon and Schuster.

[156] Pütz R. 1997. New Business Formation, Privatisation and Internationalisation: Aspects of the Transformation of Polish Retail Trade[J]. Die Erde, 128: 235-249.

[157] Raudenbush S W. 2003. The Quantitative Assessment of Neighborhood Social Environments[M]//Kawachi I, Berkman L F. Neighborhoods and Health. New York: Oxford University Press: 112-131.

[158] Revzin G. 2003. Ostozhenka v russkoi arkhitekture(Ostozhenka in Russian architecture)[EB/OL]. [2005-12-01]. http://projectclassica.ru/m_classik/06_2003/06_classik_01b.htm.

[159] Rohe W. 2009. From Local to Global: One Hundred Years of Neighborhood Planning[J]. Journal of the American Planning Association, 75(2): 209-230.

[160] Rohe W. 2009. A Socialist Growth Machine? The Evolution of Urban Revitalization Programs in Barcelona European Urban Research Association[M]. Madrid.

[161] Roitman S. 2005. Who Segregates Whom? The Analysis of a Gated Community in Mendoza, Argentina[J]. Housing Studies, 20(2): 303-321.

[162] Rosenthal S S, Strange W C. 2003. Geography, Industrial Organization and Agglomeration[J]. Review of Economics and Statistics, 85(2): 377-393.

[163] Rudolph R, Brade I. 2005. Moscow: Processes of Restructuring in the Post-soviet Metropolitan Periphery[J]. Cities, 22(2): 135-150.

[164] Sagan I. 2001. Miasto: scena konflikto′wiwspo′ fpracy(The City: A Scene of Conflicts and Co-operation)[M]. Gdan′sk: Wydawnictwo Uniwersytetu Gdan′skiego.

[165] Sailer-Fliege U. 1997. Transformation of Housing Markets in East Central Europe. Prozesse und Perspektiven der Stadtentwicklung in Osmitteleuropa[M]. Z. a. W. Kovács, R. Passau, L. I. S: Verlag: 33-47.

[166] Sailer-Fliege U. 1999. Characteristics of Post-socialist Urban Transformation in East Central Europe[J]. GeoJournal, 49(1): 7-16.

[167] Shen J. 2007. Scale, State and the City: Urban Transformation in Post-reform China[J]. Habital International,31: 303-316.

[168] Smart Growth America. 2007. What is Smart Growth? [M].

[169] Smith D M. 1989. Urban Inequality under Socialism: Case Studies from Eastern Europe and the Soviet Union[M]. Cambridge: Cambridge University Press.

[170] Smith D M. 1996. The Socialist City[M]//A G, et al. Cities after Socialism. Oxford: Blackwell: 70-79.

[171] Smith N. 1996. The New Urban Frontier: Gentrification and the Revanchist City[M]. London: Routledge.

[172] Song Y, Knaap G J. 2004. Measuring Urban Form: Is Portland Winning the War on Sprawl?. Journal of the American Planning Association, 70: 210-225.

[173] Spencer C, Barneji N. 1985. Strategies for Sharing Student Accommodation: A Comparison of Male and Female Student Responses to Single and Shared rooms[J]. Architecture and Behaviour, 2: 123-135.

[174] Stark D, Bruszt L. 1998. Postsocialist Pathways: Transforming Politics and Property in East Central Europe[M]. Cambridge: Cambridge University Press.

[175] Stegman M, Rasmussen D. 1980. Neighborhood Stability in Changing Cities [J]. American Economic Review, 70(2): 415-419.

[176] Strom E. 2008. Rethinking the Politics of Downtown Development[J]. Journal of Urban Affairs, 30(1): 37-61.

[177] Sykora L. 1999. Change in the Internal Spatial Structure of Postcommunist Prague[J]. GeoJournal, 49(1): 79-89.

[178] Szelényi I. 1996. Cities under Socialism-and after[M]//Andrusz G, et al. Cities after Socialism. Oxford: Blackwell: 286-317.

[179] Sztompka P. 2006. Postcommunist Societies[M]// The Cambridge Dictionary of Sociology. Cambridge: Cambridge University Press: 454-456.

[180] Talen E. 2003. Measuring Urbanism: Issues in Smart Growth Research[J]. Journal of Urban Design, 8(3): 195-215.

[181] Talen E. 2006. Neighborhood-Level Social Diversity: Insights from Chicago [J]. Journal of the American Planning Association, 72(4): 431-446.

[182] Vujović S, Petrović M. 2007. Belgrade's Post-socialist Urban Evolution: Reflections by the Actors in the Development Process[M]//The Post-Socialist City: 361-383.

[183] Walder A. 1986. Communist Neo-Traditionalism: Work and Authority in Chinese Industry[M]. Berkeley: University of California Press.

[184] Wang J. 2003. Tale of Beijing[M]. Beijing: China Triple Press.
[185] Whitehand J W R. 1977. The Basis for an Historico-geographical Theory of Urban Form[J]. Transactions of the Institute of British Geographers, New Series(2): 400 – 416.
[186] Williams K, Burton E. 2000. Achieving Sustainable Urban Form[M]. London, New York: E and FN Spon.
[187] Wu F L. 1992. The Types of China Urban Community and its Characters[J]. Urban Studies, 5.
[188] Wu F, Webber K. 2004. The Rise of Foreign Gated Communities in Beijing: Between Economic Globalization and Local Institutions[J]. Cities, 21(3): 203 – 213.
[189] Wu L. 1994. The Old City of Beijing and its Ju'er Hutong Neighborhood[M]. Beijing: China Architecture Industry Press.
[190] Yang K. 1993. Historical Research on China's Ancient Capital Cities[M]. Shanghai: Shanghai Classics Press.
[191] Zadeh L A. 1965. Fuzzy Sets[J]. Information and Control, 8: 338 – 353.
[192] Zaniewski K J. 1989. Housing inequalities under socialism: A geographic perspective[J]. Studies in Comparative Communism, 22(4): 291 – 306.
[193] Zhang Y, Fang K. 2003. Politics of housing redevelopment in China: The rise and fall of the Ju'er Hutong project in inner-city Beijing[J]. Journal of Housing and the Built Environment, 18: 75 – 87.
[194] Zhou X G, Noen P. 2001. Explaining Life Chances in China's Economic Transformation: A Life Course Approach[J]. Social Science Research, 30: 522 – 557.

图片来源

图1-1、图1-2源自:作者自绘

图2-1源自:Perry,1929:36

图2-2源自:作者自绘

图2-3源自:Song and Knaap,2004. Fig 5

图2-4源自:作者自绘

图2-5源自:张纯,柴彦威,2009

图3-1源自:张纯,柴彦威,2009

图3-2源自:作者自绘

图4-1源自:根据 Golubchikov and Badyina,2006. Fig.10.1 整理绘制

图4-2源自:作者根据 google map 自绘。

图4-3源自:根据 Sykora,1999 数据整理绘制

图4-4源自:根据 wikipedia.jaylee.cn 加工整理

图4-5源自:根据 Kotus,2006. Fig 6 整理绘制

图4-6源自:Fulton Corridor Revitalization Program. www.renewnyc.org

图4-7源自:City of Raleigh,2009. Fig1

图4-8源自:City of Raleigh,2009. Fig4

图4-9源自:www.birkdalevillage.net

图5-1至图5-8源自:作者自绘

图5-9、图5-10源自:作者根据调研结果制作而得

图6-1至图6-4源自:根据同仁堂基建处档案及访谈资料绘制

图6-5至图6-9源自:作者自绘

图7-1源自:作者根据调研数据整理绘制

图8-1至图8-3源自:作者自绘

图9-1源自:作者自绘

表格来源

表2-1源自:Clifton et al,2008
表3-1源自:作者调研数据
表3-2源自:根据在同仁堂的小样本访谈而得
表4-1源自:K. Stanilov,2007:417. Tab 20.1
表4-2源自:作者自绘
表5-1源自:作者自绘
表5-2至表5-7源自:作者调研数据
表5-8、表5-9源自:根据问卷调查结果加工整理
表5-10源自:作者自绘
表6-1至表6-4源自:作者调研数据
表6-5源自:由社区所属家委会提供
表7-1源自:作者自绘
表7-2至表7-4源自:根据问卷调查结果加工整理
表7-5源自:作者自绘
表7-6至表7-8源自:根据问卷调查数据计算而得
表8-1至表8-5源自:作者自绘

后记

感谢柴彦威教授和东南大学出版社的支持,让我有机会将此书出版,与读者见面。本书依托于笔者的博士论文,在此特别要感谢博士生导师吕斌教授在博士论文选题、写作和答辩期间给予的长期指导和帮助。恩师六七年前的教诲至今仍余音绕梁,指引我不断鞭策自己,在学术的道路上不断前进。

本书的写作兴趣源于2006年开始参与规划实践过程中,对传统行政规划的审视与对社区尺度规划的思考。2006年在导师吕斌教授的带领下,我很荣幸地参与了与东城区交道口街道办事处合作的《南锣鼓巷保护与发展规划(2006—2020)》项目。这个项目不仅提供了与地方官员、社区居民和其他组织密切接触的机会,也提供了和东京大学等国际研究机构合作交流的平台。在这个传统街坊社区的规划过程中,笔者根据在社区的体验与对当地居民的访谈,开始反思20世纪90年代曾经流行的物质性更新改造给社区带来的弊端。并于2009年与导师合作发表文章《合作型和谐社区规划途径——北京市东城区交道口的实践案例》,来尝试总结在交道口案例中的社区再生规划实践经验。在此过程中,要感谢交道口街道办事处的李铁生书记、陈禾苗女士在收集数据和进行问卷调研时提供的帮助,他们的支持和协助使得在社区的调研得以顺利进行。

此外,在2007—2008年,笔者也有幸参与到柴彦威教授主持的中国城市单位社区研究项目中。这个研究型的项目使作者有机会到形形色色的单位进行调研,在与柴彦威教授为首的项目组成员的讨论中,这种带有中国特色的特殊社区也开始引发作者的兴趣,并且开始关注在转型期设定背景下这些传统的单位社区发生的转变及其机制。在2009年,与柴彦威教授合作的一系列文章在《国际城市规划》关于中国城市单位的专栏中刊出,其中的两篇是基于丰台区同仁堂社区案例的。在同仁堂的案例中,作者尝试用定量的方法来测度社区物质环境与社会环境的变迁。其中,很多珍贵的历史资料来自于同仁堂档案室与大量原房管局自绘图件,这些资料的获得来之不易,特别感谢同仁堂家委会和房管处工作人员在调研时提供的支持。在还原这个单位社区历史原貌的时候,作者似乎也随着那些访谈中出现的情境回到了20世纪70年代末80年代初,体会到了当时的物质环境下社区居民的生活方式和生活状态。这些感性认识对于认识、理解和分析横跨整个转型期的社会变迁,起到了十分重要的作用。

在2009—2010年作者在北卡罗莱纳大学教堂山分校进行博士生联合培养期间，导师宋彦教授结合美国城市形态的最新理论，对作者关于中国社区形态变迁的研究提出了新的建议。她建议对照美国社区规划实践经验，强调社区形态中的非物质环境，通过搭建中国城市社区形态的研究框架，从转型期的设定背景切入来考察两类社区在不同时期的形态变化。宋彦老师提供的宝贵学习机会以及在美期间的指导，开拓了笔者的思路，跳出"就中国社区论中国社区"的原有框架，明确了在全球社区变化下的比较视角。

本书出版之际，也要特别感谢北京大学-林肯研究院城市发展与土地政策研究中心的满燕云教授、贺灿飞教授在博士论文成文过程中给予的宝贵建议，以及美国林肯土地政策研究院论文奖学金、美国百人会英才奖学金为笔者的研究提供资助。

谨将本书奉献给那些指导、帮助和支持过作者的老师、同学和家人！

张　纯
2013年5月
于燕园